決定版

一生ものの台所道具

平松洋子

とんぼの本
新潮社

あきらめていた汚れも落とせて新品同様に！

鉄のフライパンを再生させる方法

用意するもの

焦げたり頑固な汚れがたまったり、錆びついたりしたら。おっと、あきらめるのはまだ早い！
　鉄のフライパンは、ひと手間かければ何度でも再生させられるのが大きな魅力。用意するものはクレンザー、100〜200番の紙ヤスリ、ナイロンタワシ、金属製ヘラ（フライ返しでもOK）。そして食用油。

火で焼く

フライパンを強火にかける。コンロの火を強くしたまま、周囲に付着している焦げや汚れを直接火に当てて、まんべんなく焼いていく。燃える際に炎が立つことがあるが、あわてる必要はない。燃え尽きれば、炎は次第に消える。こびりついているよけいなものを、すべて炭化させてしまったら火からおろす。

炭を削りおとす

火から下ろしたフライパンをそのまま放置して、いったん完全に冷ます。そのあと、炭になって付着している部分をヘラできれいにこそげ落としていく（上）。あらかた削り落としたら、今度は紙ヤスリをかける（下）。フライパン全体を磨き上げるような感じで、丁寧に。磨くにつれしだいに生地が見えてくる。

紙ヤスリをかける

クレンザーで磨く

市販のクレンザーを使い、硬めのナイロンタワシでこすりながら、さらによく磨く。クリーム状のクレンザーでもよいが、粉状のもののほうが仕事がはかどる。フライパンの外側、内側ともきれいに磨き終えたら水でじゅうぶん洗い流し、乾燥した布でよく拭き、乾かす。

熱して酸化皮膜をつくる

油を注いで加熱する

フライパンを約五分間、弱火にかける。直接火にかけて鉄をから焼きすると、表面に酸化皮膜が形成され、錆を防ぐ。皮膜ができるに従って、鉄の生地の色は玉虫色に変化する。そのあと食用油を⅓量注ぎ、数分間弱火にかけて鍋肌になじませ、油を戻す。粗熱が取れたらキッチンペーパーなどで拭き取る。

仕上がり

新品同様、見事に再生したフライパン。この再生法は鉄のフライパンメーカー「リバーライト」直伝。この方法で、日本全国から持ちこまれる多くのフライパンを再生させてきた。あきらめていた汚れも、これなら完璧にきれいに。もう一度ゼロからスタートして、鉄のフライパンを使いこなす楽しみを味わいたい。

暮らしのぬくもりに包まれた、この場所で

「この鍋、いいかげんにもう捨てたら。おかあさん」

「ううん。まだ使えるもん」

娘にそう答えてはみても、このいびつに歪《ゆが》んで焦げや汚れのとれないアルミの鍋は、たぶんこの先も出番がない。それなのになぜだろう、まだ執着している。理由なんかないはずだけれど。ただ、この鍋肌に触れれば、はるか三十年も前、覚えたての鶏肉と玉ねぎのトマト煮を何度も何度も煮こんだ味なんか、まざまざと舌の上に蘇ったりする。

また、どこかでふとアルマイトの両手鍋を目にすれば、必ず記憶の奥底からゆらりと立ちのぼってくるなつかしい風景がある。

時分どきになると、オレンジ色の電球の灯に照らされた古い台所に、夕餉《ゆうげ》の支度にくるくる立ち働く母と祖母の白い割烹着姿が浮き上がった。そのころになるともう誰も構ってはくれないので、上がり框《がまち》にぺたりと座りこみ、いつも私は絵本を読んだ——昭和三十五年か、三十六年だったろうか。そこにいると、陽に干したふかふかの真綿のなかにすっぽり埋もれたような充足に包まれた。絵本ごしに目にする白い湯気、菜箸やお玉やしゃもじの勢いのよい動き。鼻をくすぐる醤油や酢や、味噌の香り。おなかはぐんぐん空いてくるけれど、胸のあたりはなんだかぬくかった。

台所とはつまり、安寧の充つる場所であった。

昭和三十九年、東京オリンピックの年。引っ越した新築の家の台所には、ぴかぴかのシステムキッチンが燦然《さんぜん》と輝いていたっけ。まるで舞台がどんでん返しをしたように。そしてガスオーヴンが、ミキサーが、電子レンジが目の前に次々現れるたび、「新しさ」のなかには浮き立つようなときめきがあることを知った。

あ、そうだったのか。台所は、発見や刺激がいっぱいつまった愉楽の場所でもあったのだった、と。

さて、二十歳のころ、妹とふたり暮らしを始めた。思案に思案を重ねて選んだ台所道具は、鉄の中華鍋とアルミの業務用寸胴鍋《ずんどう》である。なに、料理の腕などありはしない、生まれて初めて「自分の台所」をつくらなければならない

事態に、おろおろとうろたえたのだ。いわんや、店の棚にずらりと居並ぶ鍋を前にしたときの驚愕といったら！　私は「自分の暮らし」を自分の手で立ち上げなければならない現実に、ついに放りこまれたのだった。

憧れの鍋をふたつ、暮らしの土台にしよう。いや、だからこそ意地でも使いこなさなければならぬ。私は、密かに身構えた。

三十数年使いつづけたアルミの鍋と鉄のフライパン。

それから三十数年。発見と刺激に導かれ、料理をすることのおもしろさに引きこまれるまま、とめどなくたくさんの道具が増えた。カシミアのセーターと天秤にかけて、思い切って買った鋳物の鍋。ベトナムの台所で出会って、ひと目惚れして探し回って手に入れたアルミのお玉。せん切りの野菜でも薄い塩昆布一枚でも、ぴしゃりときれいにつまめる竹の細い盛りつけ箸……たくさんの台所道具が加わり、また、たくさんの台所道具が姿を消した。

その長い長い繰り返しの歳月のなか、ガステーブルと冷蔵庫が据わる四角い空間は、ゆっくりと「自分の台所」に近づいていった。

何度かの引っ越しをした。おなじ回数だけ台所も変わった。しかし、たたずまいはすっかり変わっても、いつのまにか台所はほかの誰でもない私の、またはこのうちの家族の暮らしにこそ似つかわしい表情に落ち着いてゆく。いつもの台所道具が、いつもあたりまえのように働き続けて。

台所はつまり、せっせと使われながら安寧と愉楽の場所に育っていくのだった。

ひとつひとつの台所道具に、ひとつひとつの愛着。それは、はるか遠い日の、あの古い台所のなつかしい情景にもどこかでつながっている。

目次

構成・文／平松洋子

I

基本の台所道具を知る・選ぶ・使う

何本も持っているのに、いつも同じ包丁を握ってしまう。
オムレツには必ずこのフライパンで、きんぴらごぼうを炒めるときは
あっちの鍋で、青菜をゆでるときにはこれ……台所に立つうち、
知らず知らず使いやすい道具が決まってくる。
つまり、誰もが自分だけの「台所道具の法則」を持っている。
それは、きっとこういうことだ。その道具は、使い手と目的に
ぴしゃりと合った機能を備えているから——。卵がふっくら焼けるのも、
すぱりと包丁が切れるのも、すべてちゃんと理由がある。
鉄には鉄の、アルミにはアルミの使いやすさがある。
それらはどうやって生まれ、つくり出されているのだろう。
その現場に足を運んでみると台所道具のことがもっとわかってくる。
そして、料理はもっとおいしくつくれるようになる。

まな板

樹齢三百年を経てまな板に生まれ変わった木曽檜。包丁の勢いをほどよく吸収する適度な柔らかさを持つ。清潔感のある香りも日本人にとっては特別なもの。45×30×4cm 14700円など（特記以外は税込価格。以下同様）1（127頁の問い合わせ先参照・以下同様）

木は生き続ける。二百年の樹齢ならば、さらに二百年生きる

まな板は木に限る

木のまな板をさっと濡らして、まぐろのさくを置く。すると、包丁を手前に引いても、まぐろはぴたっと止まって動かない。まるで木に吸引されているかのように。そこへ包丁をすっと当てると――。

木が含む水分と、素材の水分。そのふたつが一体となっている。この感触は、木のまな板だけのものだ。包丁の荒々しい力を、軽やかな弾力性とともに受け止めるしなやかさ。キズをみずから修復してしまう働き。手を触れれば、なんとも優しい素朴な風合い――どれもこれも、木でなければ決して味わうことはできない。

ここ数年、木のまな板を手に取るひとが増えている。そこにあるのは、暮らしのなかに再び自然の力を呼び戻したいという強い思い。

木曽檜《ひのき》から生まれるまな板

どう、と空気が揺れた。電動鋸《のこぎり》が入れられ檜の巨木がふたつに転がった瞬間、なかから美しい木目が現れた。そのとたん、あたりに満ちるすがすがしい香り！

これが、檜の大木からまな板が生まれる第一歩であった。

数あるまな板のなかで、最高級とされる素材が檜。堅牢さと柔らかさ、美しい光沢と木目を持つ檜は、古来神社仏閣などの建築物や神器にも使われてきた。その成分「ヒノキチオール」は優れた殺菌効果を持つことでも知られる。なかでも木曽谷で天然に育ったものは、木曽檜と呼ばれて稀少価値が高い。

そのまな板を手にとると、ひとつひとつの顔が全部違うことに驚く。

「長年木とつき合っていると、その木の性格がひと目でわかる。陽の当たり具合ひとつで木の性《しょう》がまったく違います」

だから一本一本それに合わせて切り方を変えます、と木曽檜のまな板を製造するマルマン木曽木工、宮木《みやき》恒人《つねと》さん。

木曽郡・大桑《おおくわ》木材生産協同組合の神田《かんだ》進さんが教えてくれた。

「切り出したとき、生の木が含んでいる水

悠然と山なみが連なる長野県木曽郡の山間部。木曽国有林に生育し、
三百年近くの歳月を重ねた木曽檜が貯木場に集められ、天然乾燥しながら取り引きが行われるのを待つ。

分は約70％。それをじっくり寝かせて乾燥させ、14〜15％に仕上げます。これは人間の髪の毛が含んでいる水分とほぼ同じ。13％になると、みずみずしい光沢が出ず、ゆがみが生じてしまう」

まな板一枚にこの緻密《ちみつ》な計算！

木曽檜ならば、脈々と樹齢三百年を重ねた大木がまず切り出され、雨風にさらされながら一年間寝かされる。それをさらに60度の温度で二週間ほど人工乾燥させたのち、ようやくまな板の姿に加工される。どれもこれも、手入れさえすれば何十年でも使えるものを作るための工程だ。

この気の遠くなるような膨大な時間をくぐり抜けて初めて、木曽檜の一枚のまな板は私たちの台所へやってくるのだった。

宮木さんがつぶやいた。

「木に鋸を当てるときはいつでも、だいじに育てた娘に孫が生まれたような感激を味わいます」

檜に限らず、木のまな板はそんなふうに誕生する。ほうれんそうをざくざく、だいこんをとんとん切り進む。その心地よい瞬間、思わず大地の恵みに感謝したくなる。

木を切り出す

1

2

貯木場に集められ、天然乾燥された木曽檜は、専門の業者の手にかかると、木の状態や風合い、年輪などをひと目見ただけでランクが判断され、値段がつけられる（1）。製材会社に輸送された檜は、まず慎重に木の取り方を検討したのち、レーザーに誘導されながら電動ノコギリが当てられる（2）。

製材する

3

4

一定の厚さに切られた木曽檜（3）が、さらに何種類かの大きさに切り分けられていく（4）。一枚の檜材のなかには、白い部分は〝しろた〟、赤い部分は〝あかた〟と呼ばれる二つの部位がある。〝あかた〟は堅くひきしまって香りが強く、木のなかでもいわゆる「性《しょう》が強い」ところ。この部分が多ければ多いほど、質の高い檜材とされる。製材された木は、切り出された部位によってそれぞれ異なる個性を持つ。

まな板のかたちに削る

5

6

7

8

9

乾燥させると木裏のほうへ微妙に湾曲するので、面を平らに削る（5・6）。最初は34㎜以上の厚みを二度に分けて丁寧に削り、仕上げの厚さを30㎜（一寸）にする。つまり4㎜削り落とすことで、歪みや曲がりの少ないまな板に仕上げる。次に四辺すべてに電動ノコギリをかけて所定の長さに仕上げる（7）。長さ44㎝を40㎝に、幅28㎝を27㎝まで詰める。細かい目のカンナにかけて、艶のあるすべらかな面にする（8・9）。

角を落として仕上げる

10

11

面と側面全部をすべてなめらかに仕上げ（10）、四つの角を研磨して丸くカーヴをつけて（11）檜板がしだいに「道具」に近づいていく。高速で回転する電動カンナに木を当てるこれらの作業は、細心の神経と技術を要する。

乾燥させる

12

製材を終えたまな板は、そのまま二昼夜、乾燥室に入れられる。さらにそののち三ケ月間の〝養生時間〟を与えられ、じっくりと寝かされる。この間に一枚一枚のまな板は一定の水分14～15％に仕上がり、家庭の台所で外気を吸収すると18％前後の理想的な水分を含んだ板に戻る……たった一枚のまな板にも、実に緻密な計算が行き届いていることに驚かされる。

家庭で上手に使う法

まな板は生きている

まな板は、ぜひ一枚板を選びたい。なぜなら、木はつねに呼吸し、生き続けているから。

木には適度な水分が含まれており、台所で水にさらされ、さまざまな素材の湿気や水気を受け止めながら、つねに吸収と発散を繰り返している。

一枚板なら、この本来の自然な呼吸をスムーズに行うことができる。しかし、細い木を貼り合わせた合板は、それぞれの木の水分の吸収度や乾燥の具合が微妙に異なり伸縮率が違うため、何年も使ううちに木と木の間に割れやひびが生じてくることが多い。また、同じ大きさのまな板でも、合板のほうが重くなってしまう。

乾燥させるときは陰干しで。天日に直接当てて乾かしすぎると、適度な水分が奪わ

側面にヤニが出ているのは、木が生きている証拠。ヤニは木の樹脂である。見栄えがよくないから、と敬遠するべからず。

柾目（両写真とも左側）と板目（右側）がある。柾目には小口の木目に縦の筋が入っており、板目は曲線の木目。見た目は板目のほうがきれいに見えがちだが、柾目のほうが目が細かく、反りや狂いも少なく、品質は高い。

右：イチョウ材のまな板。イチョウ材は木目の密度が均一で、適度な脂分を含んでいるため、水はけがいい。適度な硬さと軟らかさを併せ持ち、刃当たりがよく復元力も優れている。
24cm×42cm　8400円　2
左：洗ったあとは布巾でさっと拭き、水はけがよいように、木目をたてにして乾かすこと。本来は気に入ったものを2枚揃え、交代で使うのが上手な使い方である。

れる。また、もし使っている間に反《そ》りが生じてしまったら、外へ湾曲している側に水分を含ませてから天日に干すとよい。反りや曲がりを修正できる。

まな板に向く木材とは？

まな板の素材に使われる木の種類はたくさんある。なかでも檜は最高級品としても稀少価値が高いが、そのほかにもまな板に適した質のいいものはたくさんある。

神奈川県産業技術総合研究所・工芸技術センター（現・神奈川県産業技術センター工芸技術所）の鹿郷真弘《かきょうまさひろ》さんは、ヤナギやホオ、イチョウなどもまな板に向いている、と話す。

「ヤナギは材質が緻密で比重も軽く、毒気が出ない木として安全性が高い。また、イチョウやホオはヤナギより硬く、水の切れもいい」

一般に比較的硬い木はカシ、ケヤキ、サクラ、カエデ、ナラなど。外国産のまな板やカッティングボードには、これらの木を合板にしたものが多くみられる。まな板に向くのは、ある程度繊維の軟らかなヤナギ、ホオ、イチョウ、トチ、カツラなど。ただし、イチョウは独特の匂いのない雄木が使われる。

これらがまな板に使われるのには、理由がある。まな板は適度な軟らかさを備えていなければ、包丁が当たったとき刃を傷めてしまい、それだけ包丁の持ちも悪くなる。

まな板を選ぶ際は、自分の力加減を心地よく、同時にしっかり受け止めてくれる材質を選びたい。

この道具にはこの素材を

台所道具に使われる木は、それぞれの用途によって選び分けられる。強い力が加わるしゃもじには、弾力性と強度を兼ね備え、水気に強いマツやホオ、サクラや竹。かまぼこの板には、白くて木目のきれいなモミ。米びつにはモミ、経木《きょうぎ》にはトドマツ。割り箸には木目が詰まっていて割れにくく、白くて樹脂分が少ないケヤキやブナ、竹など。すりこぎには堅牢なうえ、食べものの毒気を消すといわれるサンショウなどがある。

飯台はこうして作られる

ガツンとナタで割りこみ、木に湾曲したひびを入れる。そののち割った木を一枚一枚からだに押し当て、カンナをかけて丸く削り上げる。刃がからだのほうへ戻る瞬間、絶妙の間合いで上体をよじり、曲面を左右に移動させながら。

もう五十年以上、サワラの桶やおひつ、飯台（盤台）をつくり続ける田上《たうえ》善道《よしみち》さんの見事な手わざである。

「今、また少しずつ注文が増え始めました」

炊きたてのごはんをおひつに移す。飯台にすし飯を入れてあおぐ。すると、木がほどよく水分を吸収してつやつやのごはんが生まれる。

昔ながらのその格別の美味は、素朴でひたすらな手しごとの贈りものだ。

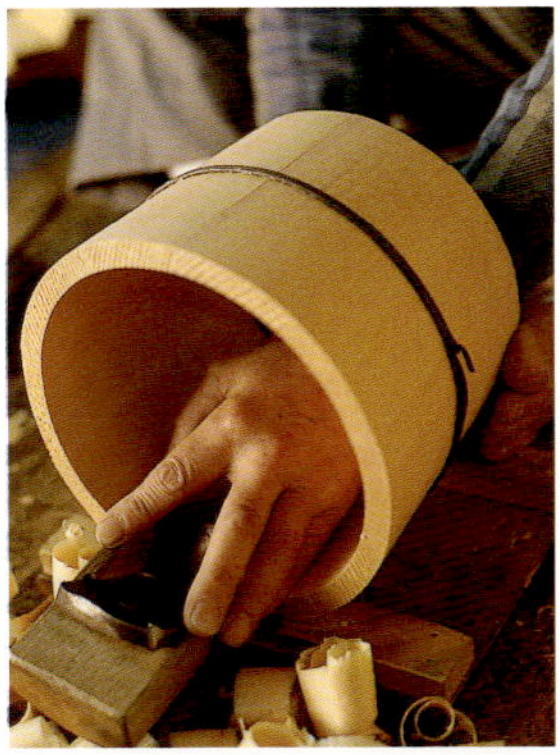
4

1

5

2

桶づくり専用の弓型の割りナタを原木に当て〝粗木どり〟をする（1）。木はサワラ材。胸当てをしっかり巻きつけ、そこへ割った木を押しつけるようにしながら、専用のカンナを何往復もさせて削る（2）。木曽地方で行われてきた伝統的な手法である。丁寧に削り上げた何枚もの桶側を、木目を合わせながら半円型に積んでいく（3）。その二つの半円をぴっちり組み合わせてから、周囲を銅線で固定。そののち内側にもカンナをかけてから（4）底をはめこむ。工房の壁には桶の大きさに合わせた曲線の割りナタがずらりと並ぶ（5）。

3

包丁

名鍛冶職人の手による和包丁。刀を手にしたかのような、ぞくりとするほど見事な切れ味だ。出刃（左）刃渡り16・5cm　102690円　菜切り（中）17cm　35700円　正夫《しょうぶ》（柳刃・右）27cm　102690円　3

いい包丁は、自分の指が切っ先になったような一体感が味わえる

叩いて叩いて、地金と鋼を密着させる。

すうーっ、すぱん。

たとえば切れ味のいい包丁でトマトを切った瞬間。手にはむしろ、なんの違和感さえ伝わってこない。まるで自分の指が鋭い切っ先になったような、そんな「快感」が体験できる。それは、台所に立つ楽しみのひとつでもある。

だからこそいい包丁を選びたい。

しかし、スーパーの棚には一本980円の包丁もぶら下がっていれば、専門店のケースに何万円もする包丁が鎮座していたりもする。洋包丁や和包丁など種類もいろいろ、材質もステンレスや鋼《はがね》、合金やセラミック……はて、いい包丁を手に入れるには、いったいどれを選べばいいのだろう。

鋼か、ステンレスか？

江戸期から八代続く東京・日本橋の刃物専門店「木屋」の石田克由《かつよし》さんは、

「ステンレスを選ぶ方が65％、あと20％が鋼、残り15％がそれ以外のもの、といった売れ具合です」

鋼は純度の高い炭素鋼（carbon steel）のこと。切れ味の鋭さは秀逸だが、その反面錆びやすい。

「たとえ使わなくても、きちんと研がなければ鋼は錆びて傷《いた》みます」

と、東京・新宿の懐石料理「龍雲庵」の後藤紘一良《こういちろう》さん。四季折々の素材の持ち味を生かし、見た目の美しさを大切にする日本料理にとっては、切れ味の優れた鋼でなくてはならない。

いっぽうステンレス（stainless）は炭素にクロムやモリブデンなどを加えたもの。表面にできる酸化クロムの皮膜が金属の酸化を防ぐので錆びにくく、手入れも楽。しかし、切れ味は鋼より多少劣る。また、さらにタングステンやバナジウム、コバルトなどを複雑に添加してより高度な焼入れがほどこされている製品もある。

ステンレスは洋包丁に多く使われる。煮こみ料理が基本であり、さらに食卓でナイフとフォークで切り分ける欧米の料理には、調理の段階では切れ味よりも合理性が重視されるのは当然かもしれない。

とにもかくにも、自分にとっての「いい包丁」選びは、まず材質の選択から始めたい。

ただし、重要なことがふたつ。選択の基準にしたいのは、きちんと鍛造されているかどうか、そして丁寧に刃がつけられているかどうか（とりあえず値段から推し量るなら、製造側からは〝6～7000円からの製品なら間違いはない〟という声を多く聞く）。これらは、材質にかかわらず、包丁の生命線を左右するかなめである。

叩いて、焼いて、磨き上げる

カーン。カーン。耳の奥をえぐるような硬質の音が響くたび、火花が飛び散る。金属の槌《つち》を打ちこむ上腕の筋肉は、硬く盛り上がっている――新潟・三条市で三十年来、和包丁を手がける鍛冶職人、飯塚解房《ときふさ》さんの工房である。飯塚さんは「重房《しげふさ》」の号を持つ名職人。刀剣鍛冶の名匠として知られる長島宗則《むねのり》氏のもとで修業を重ねた。

「叩いて叩いて叩き抜く。鍛造は人間が鉄を道具として使うために、力でねじ伏せるわけです」

叩かれ、1000度の炎に投じられ、再び叩かれる……軟鉄と鋼を叩いて鍛接、焼入れして仕上げるこの「霞仕上《かすみしあ》げ」は、日本刀と同じ伝統的な製法。本体には鉄の堅牢さが、刃先には鋼の切れ味が生かされた理想的な包丁に仕上がる。

鍛冶の仕事はとても複雑だ。鍛接を終えれば、温度を下げながら丁寧にかたちと組織を整える火づくり、歪《ゆが》みをならすために熱してから冷やすナマシ、裏側の樋《ひ》（凹面）をつくるナラシ、肉厚を決めるセン掛け……鉄と鋼の板が一歩ずつ、包丁に近づいていく。

そして鍛冶職人がことのほか全身に緊張を漲《みなぎ》らせるのが、焼入れと焼戻し。噴火口のように赤く染まった760～800度の松炭の火床《ほど》に鋼を投じ、職人だけがはかりうる絶妙のタイミングによって引き上げ、間髪を入れず水に入れて急冷する。

「自分の経験と勘だけが頼りです」

漆黒の闇のなか、まっ赤に染まった鋼が生き物のように跳ねた。この温度変化によって鋼は硬度を増し、さらに丹念な研磨が繰り返されて鋭い刃がつけられていく。

精魂こめて鍛え、研ぎ上げた包丁が今、道具となって姿を現した。青白い光を放つその一本は、ひとの手に握られて息を吹き込まれるのを静かに待つばかりである。

鍛接

1

2

3
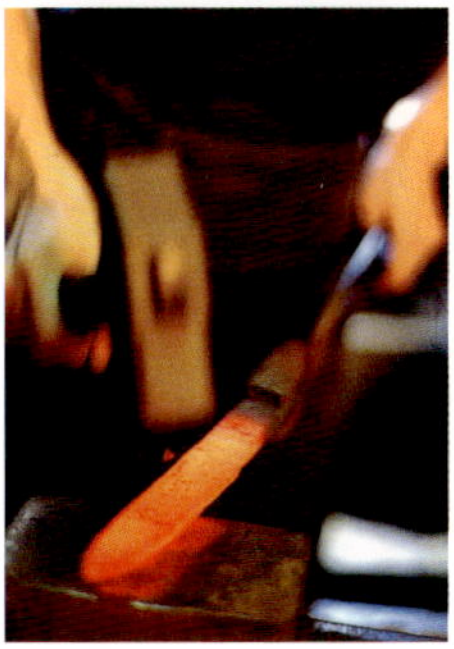

カーンカーンと、まっ赤な金属を叩く高い音が工房の空気を震わせる。細長いかたちに切った地金《じがね》（1）を、鍛接剤（鉄鑞）を使いながら鋼と密着させ（2）、1000度前後に熱しながら満身の力をこめて叩く（3）。いよいよ職人芸の始まりだ。鉄床《かなとこ》に押さえつける力具合や角度も、すでに計算に入っている。地金と鋼を完璧に密着させていないと、わずかな隙間から湿気が入りこみ、錆が生じてしまう。

火づくり

4

5

6

鍛接を終えた鋼の板（4）。四角い板状のものに、柄に差し込むための茎（コミ）の部分を叩いて出してから、ゆっくり温度を下げつつ、かたちと組織を整えるためにスプリングハンマーで繰り返し叩く（5）。ハンマーでまんべんなく叩くことで、鋼の組織の密度が均一に整えられ、強度が高まる。このとき茎の部分も叩き、柄に入るようかたちづくる（6）。カン、カンと鋼を叩く硬質の音が響き渡るたび、工房の空気がぴりぴりと震える。

焼入れ

7

8

セン掛け、ヤスリ掛けを終え、さらに細かい凸凹を取るムラ取り、ナマ研ぎののち焼入れ。760～800度に熱した火床で焼く（7）。焼入れする場所を暗闇にするのは、焼けた鋼の色を一瞬にして見極めるため。その直後水に入れ、急冷して鋼に硬度をつける（8）。

刃卸し

9

10

11
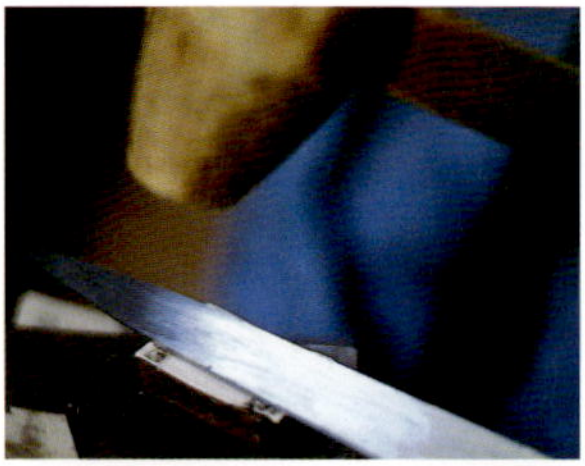

12

焼入れを終えた鋼を台にしっかり固定し、専用の削り機をかけながら刃を削り出す。この段階で、刃の微妙な曲線や角度がつけられる（9・10・11）。ときおり眼でバランスを確認しつつ、微妙なムラを取り、磨いていく（12）。

刃研ぎ

13

14

15

16
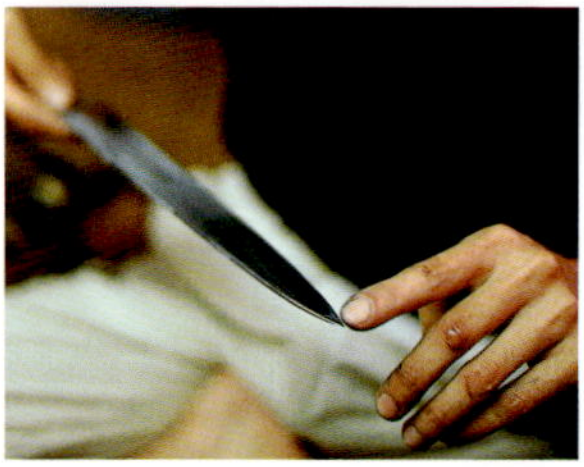

17
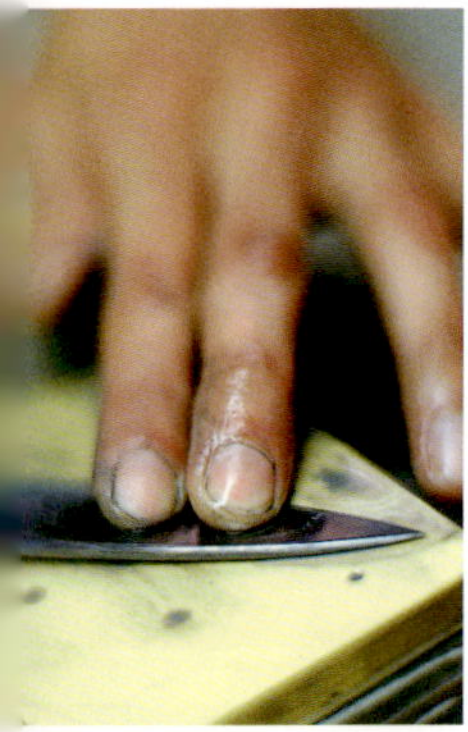

18
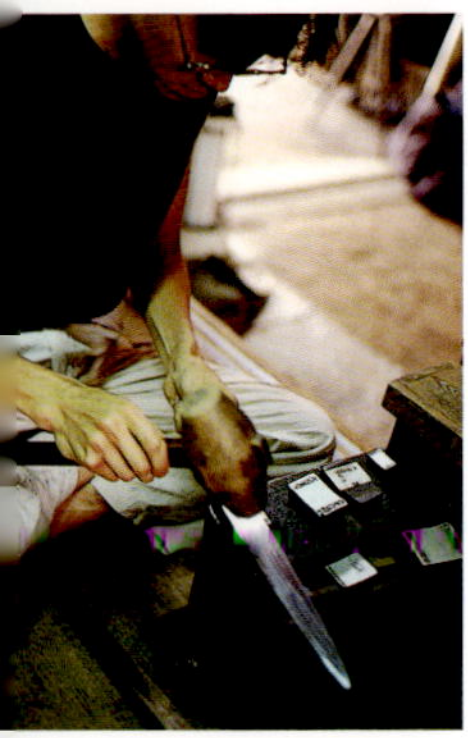

いよいよ刃をつける最終段階に入る。目の細かい砥石に水をかけながら、その上を一定の速度で何度も往復させていく（13・14）。そのたびに鋭く青白い光が増し、鋼はだんだん包丁へと生まれ変わっていく。刃先の微妙な角度も、この段階でじっくりと仕上げて刃をつけていく（15・16・17）。刃研ぎが終わると、作切りと呼ばれる銘入れの作業を行う（18）。最後に茎を柄に差し込むと、熟練の職人による手わざのすべてがようやく終わる。

プレス成型包丁もまた、手わざがいのち

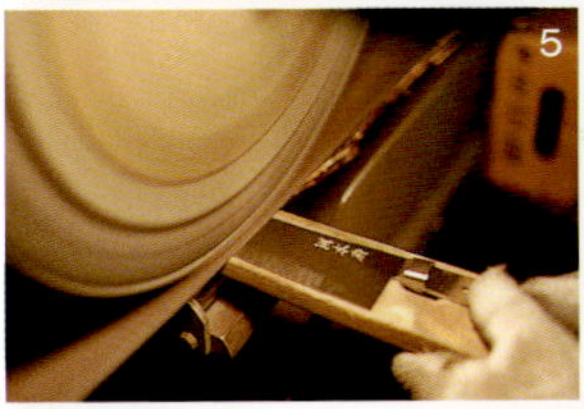

鋼の牛刀のほとんどは、鋼板をプレスして成型される（1）。そして、品質のいい製品は、実に細かな手しごとがほどこされる。まず、塩化ナトリウムと塩化バリウムを混ぜ約800度に熱した壺のなかで数分加熱する。その直後、油に入れ急冷して焼入れ、その後焼戻しして、粘りを与える。

磨く際にはエンドレスベルト（ベルト状の布ヤスリ）を数種類使い粗磨きをする（2・3）。その後、刃鎚で叩いてひずみを取る（4・この工程は熱処理後、研磨後、粗磨き後にそれぞれ行われる）。最後に目の細かい研磨布で全体をなめらかに磨いて仕上げる（5・6）。

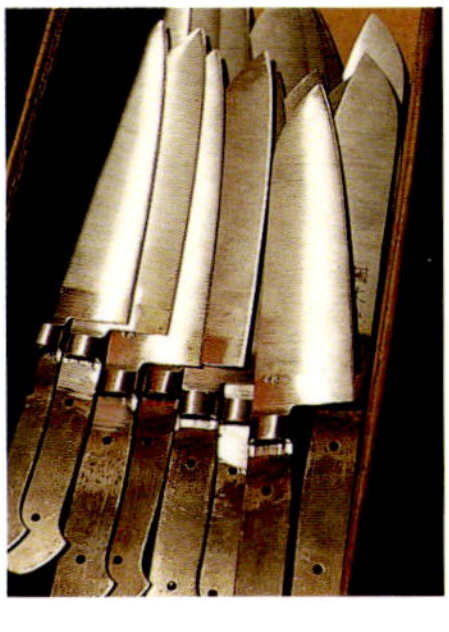

「包丁は全体が微妙なバランスと曲線を持っている道具なのです」

プレス成型された包丁もまた、品質の高い製品は熟練の鍛冶職人の手わざによって生み出される。

勲六等瑞宝章を持つ名包丁鍛冶の父のもとで修業を積んだ東京・荒川区の三代目鍛冶職人、村上文雄さん。その洋包丁づくりの工程には、鋼の和包丁にひけをとらぬ丹念さが貫かれている。砥石の選択や刃を当てる力加減にもすべて、村上さんの法則がある。

鋼板からプレス成型された牛刀の原型がじっくり時間をかけて優れた道具に育つ様子を見ると、こんなふうに愛情をかけた包丁を手に取るひとがうらやましくなる。

一本めは牛刀か鎌型。自分の用途に応じて組み合わせる

用途別に使い分ける

すべての調理に万能な包丁などない。しかし非常に応用範囲が広い包丁なら、ある。それが牛刀だ。

道具はできるだけコンパクトにまとめたい家庭の台所では、野菜も肉も切れる洋包丁の牛刀か鎌型（牛刀と菜切りの折衷タイプで日本独特の幅広型。三徳包丁とも呼ばれる）を基本の一本に絞りたい。

そして、二本めには野菜やフルーツの皮むきなど、小回りのきくペティナイフ。

三本めには、魚をおろすことが多ければ出刃、刺し身を引くことが多ければ柳刃、パンを切るときにはパン切りナイフ、冷凍ものを切ることが多ければのこぎり刃のような冷凍ナイフ……というふうに、自分の用途に合わせて自在に組み合わせるとよい。

いい包丁の選び方

実際に選ぶときはまず、鋼やステンレスなど好みの材質と価格帯を定める。次に、自分の手との相性をみるために実際に握ってみる。

「いい包丁は、不思議なことに実際の重さよりも軽く感じられるものです。自分の手の延長として使うのですから、重いと感じてしまってはだめ」

とベテラン鍛冶職人、飯塚解房さんは言う。さらに、切っ先や柄に近い部分がしっかり厚く、安定感が感じられるものが全体のバランスがいい、とも。「木屋」の石田克由さんは、

「柄尻を目の高さまで上げ、みねから切っ先まで歪みがないかチェックしてほしい。さらに、持ち手の構造やリベットの締まり具合までよく確かめてください」

とアドバイス。また、刃渡りの長さは18cmか20cmか迷ったら、長いほうを選ぶほうが合理的。使っているうちに慣れてくる。ただし、まな板の大きさとのバランスも、大切なポイント。小さいまな板に長い包丁を選んでしまうと、実に使いづらい。

そして、いい包丁を手に入れたら、買ったときの切れ味やかたちを崩さぬよう、せっせと研いで磨こう（研ぎ方は一二二〜一二三頁参照）。

どんないい包丁でも、その後の運命はひたすら使い手にゆだねられているのだから。

上：じっくり丁寧に研ぎすまされた刃先には、独特の静かな緊張感が漲っているものだ　中：柄からみね、切っ先にかけて、こんなふうに力強くまっすぐのびていなければならない　下：刃渡りの終わりの直角な部分をあごと呼ぶ。柄と本体をつなぐつばの部分の仕上げも重要だ。

牛刀 ペティナイフ

もともと肉切り包丁として日本に伝わった応用範囲の広い包丁。牛刀は表裏に刃がついた両刃である。大阪ロイヤルホテル総料理長として知られた故・常原久弥氏の指導で製作された「エーデルワイス」シリーズは「木屋」のロングセラー。ステンレス製20cm　16800円。ペティナイフは一般に刃渡り11～15cmのミニサイズのものを指す。小さいから手の動きがムダなく伝わる。ステンレス製　12cm　8400円 [3]

菜切り

トントントン、と小気味いい軽やかな音をたてるのが、昔ながらのなつかしい野菜専門のこの包丁。刃は水平で、刃渡り15～17cmのものが一般的である。両刃だから誰にでも使いやすく、しかも幅広なので白菜やキャベツなどかさのある野菜を切るときにも向く。そのいっぽう刃に厚みがないので、だいこんをかつらむきにするときや餅を切るときにも、なにかと重宝する。鋼製　17cm　9975円 [3]

出刃 小出刃

魚をまるごと一匹さばくときも、三枚におろすときも、和包丁の出刃があれば大丈夫。みねが厚くて安定感があるが、刃は薄い鋭角的な片刃。力を加えるとぐーっと刃がなかに入っていき、ラクにおろせる。鋼製　16・5cm　17325円。小出刃は、別名あじ切り包丁。その名の通り、あじなど小さな魚をおろすときに小回りがきくので非常に便利。鶏の手羽を切るときなどにも応用できる。鋼製　10・5cm　11550円 [3]

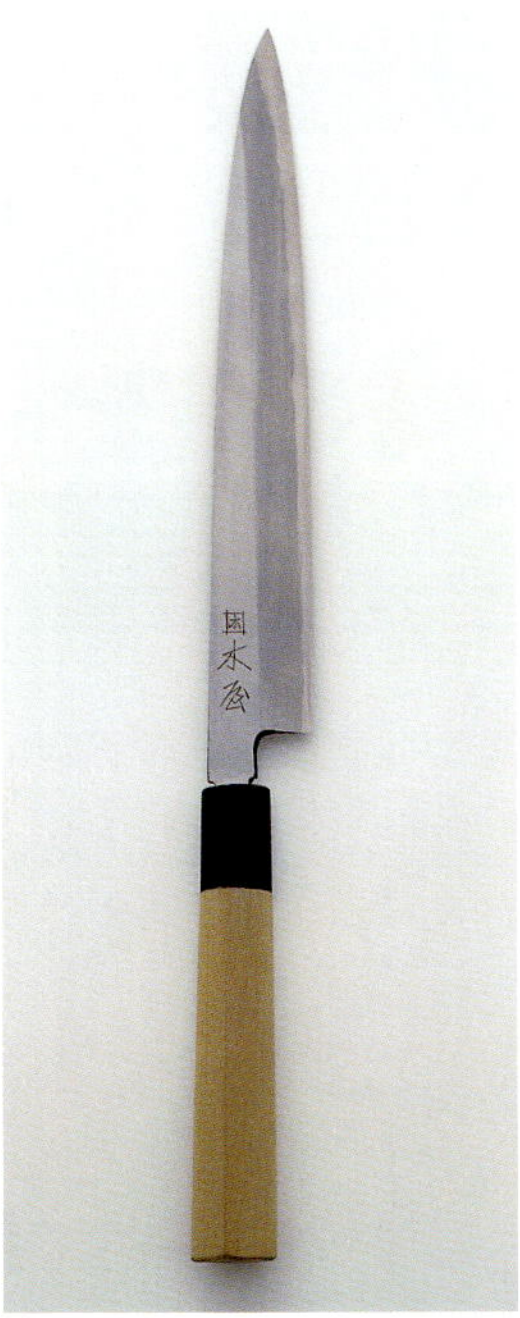

柳刃

刺し身包丁のこと。関東では先が四角いものが使われ、蛸引と呼ぶ。関西では刃のとがった刺し身包丁を柳刃と呼ぶ。片刃。刃渡りが21～24cmと長いのは、向こうから手前にすーっと一気に引くようにして切るため。この刺し身独特の切り方は、押したり引いたりして刃を往復させると、繊維が崩れておいしさを損なうからである。刺し身を引く機会が多い家庭では、ぜひ一本持ちたい。鋼製　24cm　19425円 [3]

プロが教える包丁の使い分け。包丁は全体を自在に活用する

✤鶏のさばき方に学ぶ包丁使いの極意

切っ先を自在に使う

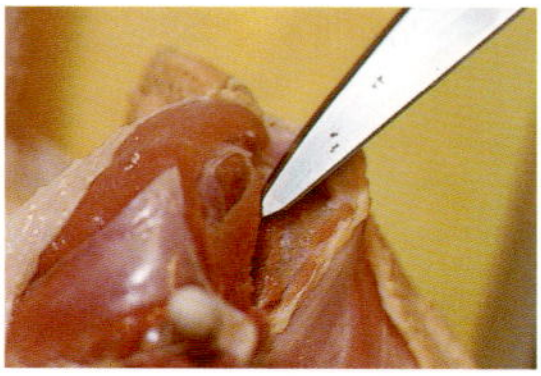

1　肉を骨からはずす際は、まず切っ先をすっと差し込み、包丁が入っていくきっかけをつくる。

2　ささみの部分を周囲から切り離す。切っ先を脇に入れ、ささみに添わせて滑らせればよい。

3　そろばんと呼ばれるツル（首）の部分についている肉を取るのも、切っ先を細かく動かして。

4　骨をはずすときも、いきなり刃先を使わず、まず切っ先に力を伝えながら骨を分離させていく。

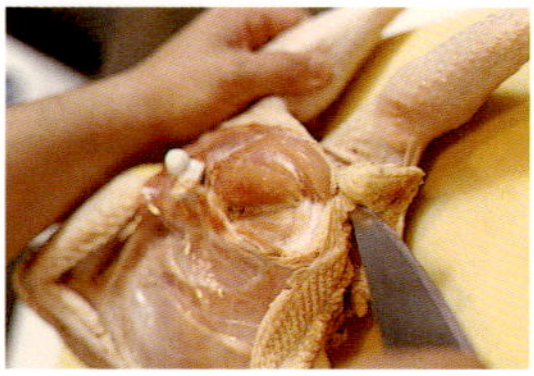

5　肉をさばくときは、まず肉が骨にどうついているか把握し、その接合点に切っ先を入れる。

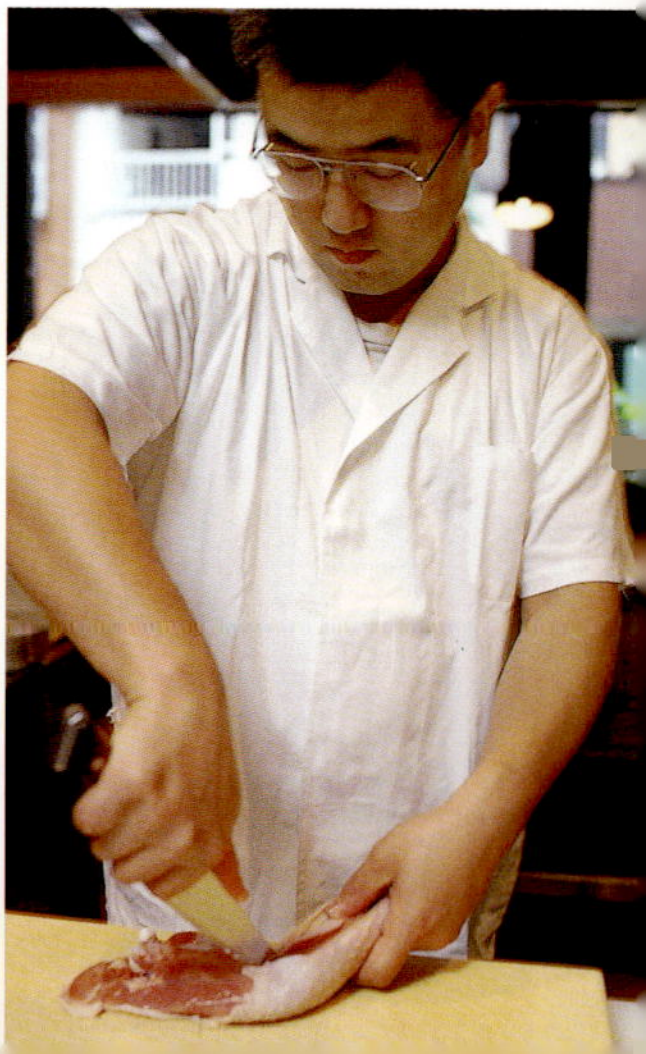

日に十数羽の鶏をさばく歴戦の包丁。鶏スキと呼ばれる鋭角的な刃の包丁を使う。

すこぶるおいしい焼鶏を出す店としてつとに名高い東京・銀座「バードランド」。店主の和田利弘《としひろ》さんは、目にもとまらぬ見事な包丁さばきで一日に十数羽の奥久慈《おくくじ》

削ぐ

1　刃先を前後に滑らせながら、同時に左手に持った皮を上へ引っ張りつつ、削いでいく。

2　骨と肉を削ぎ分ける。刃を骨のすぐ下に差し入れ、一定の角度を保ちながら下へ進める。

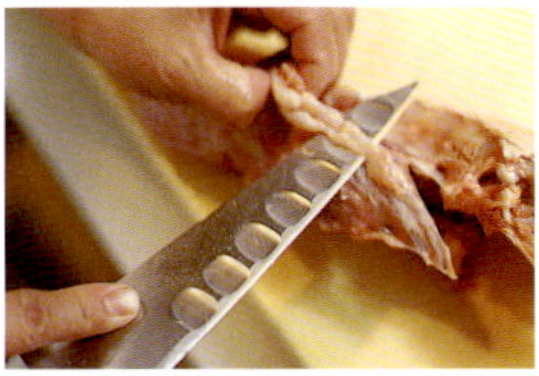

3　薄いものを削ぐときは、包丁を横に滑らせて切ると、逆に安定感が得られるときもある。

みねを使う

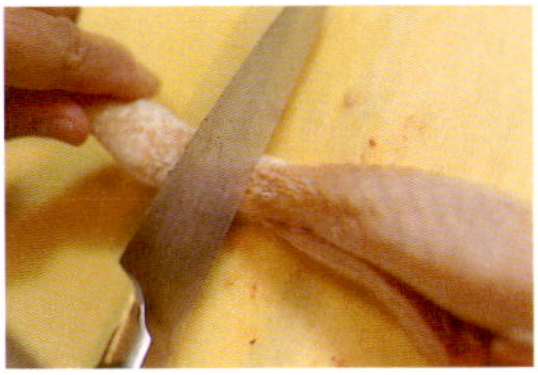

骨を叩き折るときは、包丁をしっかりと逆手に握り、柄に近いみねの部分を当てて叩く。

押し切る

包丁で硬い部分を切るときは、力を包丁に預けて一気にぐいと下方へ押し切る。

あごを使う

あごは根元の直角になった部分。硬い部位に割れ目を入れたり切ったりするとき、活用できる。

軍鶏《しゃも》をさばく。手にするのは、ガラスキや鶏スキなど鶏をさばくときに使われる包丁。炭素鋼に粘りの強いモリブデンを加えた製品が、長年の愛用道具である。

　初めて自分で鶏をさばいたときは悪戦苦闘、二時間もかかったものだが、今ではたった十分もあればさばき終わる、と笑う。

「一羽の鶏は、流線型のかたちをしています。その独特の肉のつき方や流れをつかむことが先決。そこを把握すれば、包丁をどう動かしたら骨やスジが肉から離せるかがわかってきます」

　まず、自分が切る素材の構造を理解してから包丁を動かすべし。この原則は、野菜でも魚でも同じ。

「切るときは、手にぐいぐい力をこめても意味がない。自分の力を伝えた包丁はちゃんと動いてくれるから、その動きについていくような気持ちで切るわけです」

　包丁が動き始めたら、むしろ力を抜いて。力でねじ伏せて切るのではなく、包丁のなめらかな動きを助けるように手を動かす。これが極意。

✤刺し身を引くときは、すうーっと手前に引き寄せながら

小出刃で小魚をおろす

1　小さな魚を下ろすときは小出刃の出番。四本の指で柄を握り、ひとさし指をみねに軽く当てる。

2　ぜいごを取る。出刃は片刃なので、裏側を身に添わせて切り進むだけで、簡単に切りはずせる。

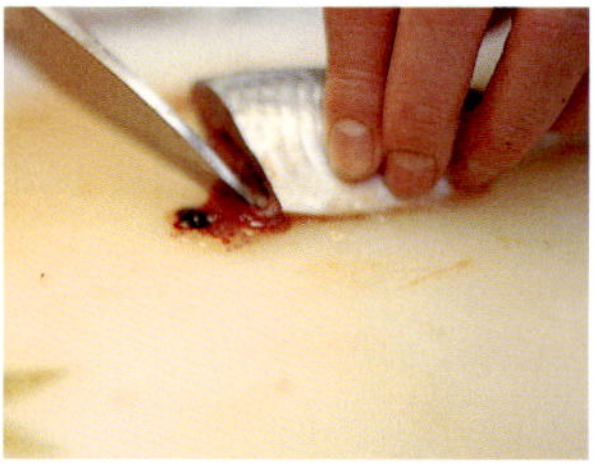

3　出刃の細い刃先を利用して掃除する。身のなかに刃先を差し入れ、内臓をかき出す。

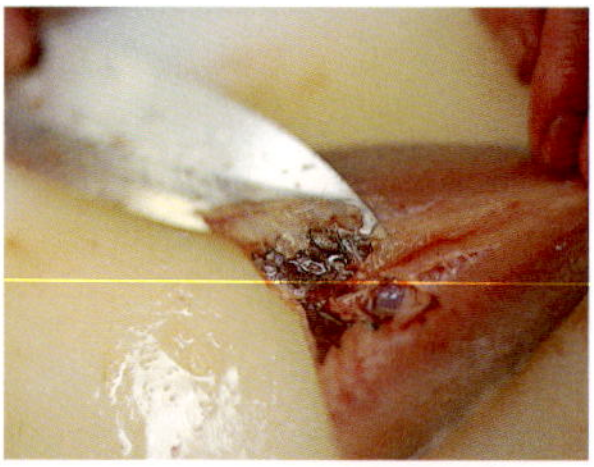

4　三枚におろす。出刃の刃先には鋭い角度がついているので力を加えると内側にぐっと入っていく。

「魚をおろす、とはよくいったもの。魚は〝切る〟もんじゃあない、あくまで包丁で〝上手に身をはがしておろしてやる〟もんなんです」

慶応二年創業、江戸前の寿司を握る「浅草辨天《べんてん》山《やま》美《み》家《や》古《こ》」五代目主人、内田正さんの愛用の包丁は柳刃、小出刃、大出刃の三種類。つけ場に入って客の前に立ったら柳刃一本で勝負、である。

「かんじんなのは、大胆さと繊細さ。包丁を動かし始めたら躊躇しちゃいけない、迷うと妙な段差ができちゃう」

すうーっと手前に引きながら一気に、大胆に。しかし、おろすべき場所にきちんと的確に刃をあてがって、繊細に。

「先代の親方が教えてくれたもんです、おまえね、魚がうっかりしてる間におろしてやるんだよ、ってね」

また、繊維に添って順目に切るとおいしくない。繊維に逆らって包丁を入れると歯ごたえにさわやかさが出る。これも魚をお

柳刃で刺し身を引く

1　みねに当てたひとさし指は、長い刃先へ力の入れ具合を指示する水先案内人といったところ。

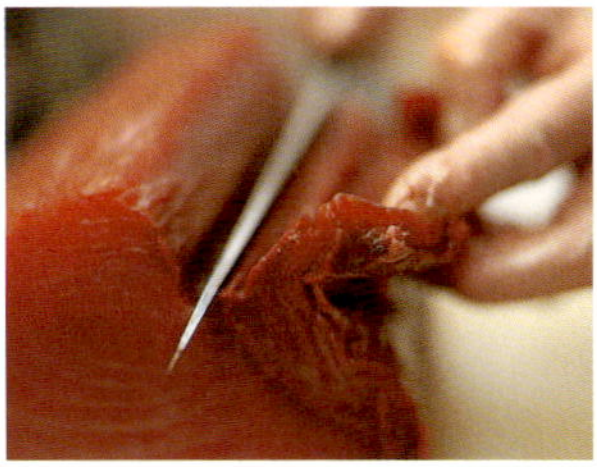

2　まぐろのさくを引く。まず、刃先全体をまっすぐ差し入れ、向こうから手前へ引く。

3　決して押したり引いたりせず、自分のからだのほうへ包丁を引き寄せるような感じで切る。

4　横に切る場合も、軽く左手でさくを押さえ、刃先全体を使って向こうから手前へ水平に引く。

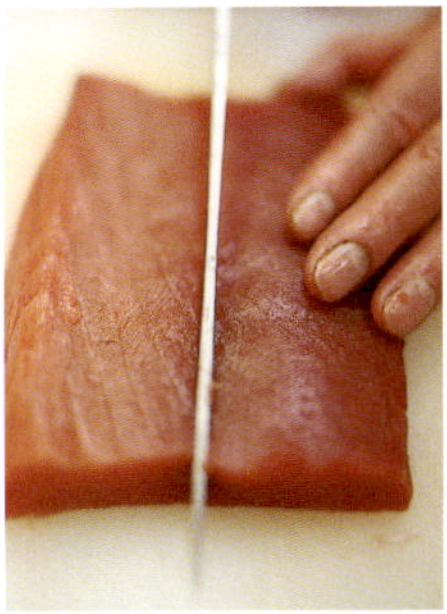

5　柳刃の刃先が長いのは、こんなふうに刃先全体を利用して切るから。洋包丁と違い、刃先全部に均等に力を加えて、手前に引いて切るところに大きな特徴がある。

ろすときの基本。

そして、内田さんが口を酸《す》っぱくして繰り返すのが、包丁研ぎの大切さ。

「包丁は手間をかけて自分で育ててやるもの」

シャッシャッと「包丁がいい気分で研がれている音が立つ」ようになれば、研ぎは及第点。そのころには包丁さばきの腕も上々という塩梅《あんばい》。

和洋中それぞれ包丁の扱い方は異なる

片刃の和包丁は滑らせながら引いて切る

「龍雲庵」店主・後藤氏の年季の入った和包丁の数々。長年研ぎを重ねて刃が小さくなっている。

かつらむきや蛇腹切りなど、野菜を薄く、美しく切るには片刃の薄刃包丁が必須。和包丁は日本料理に欠かせない陰の主役。

飾り切りをする際には小さな片刃で。素材の大きさに包丁を合わせるのも大事なコツ。

両刃の洋包丁は滑らせながら押して切る

プロの握り方を見ると、包丁は力で切るのではないとわかる。軽く握り、刃先を振るように動かす。日本橋「たいめいけん」にて。

左手で素材をしっかり固定し、切る。姿勢はまな板にほぼ平行に立ち、右肩は少し引いて。

切るときは、刃先のまんなかあたりを使うこと。力をむだなく伝えることができる。

中華包丁は重みと平面を利用する

「力を入れず包丁の重さを利用して切ります」と神田「龍水楼」の箱守さん。これ一本ですべてをこなす。

きゅうりの真半分の位置に片刃の和包丁を当て、そのまますとんと切ったとしよう。すると必ず右側が微妙に長く、左側が短くなる。それは片刃は一方が平面、もう一方が鋭角になっているから。

　包丁は、刃先の角度が狭ければ狭いほど、少ない力で切ることができる。つまり、片方にしか刃がついていなければ、力学的にも素材を押し分けて切りこむときの抵抗が少なく、それだけ素材の組織は破壊されにくい。

　いっぽう両側に刃がついている洋包丁は、基本的に刃先の角度の大きさを利用して、いっきにぐいと押し切る構造。だからこそ、刃がかけにくいよう粘りを出す焼入れが行われている。

　また、重みのある両刃の中華包丁は、刃先の進入方向に包丁自体の重みを与えることで、押し切る力が一段とパワーアップ。幅広い側面は、素材を叩いたり潰《つぶ》したりする役割も果たす。

鉄のフライパン

鉄は、使いこまれて年季が重なるのを待ってくれているような堂々たる風情がある。直径24cm　2835円　4　奥はすでにから焼きしてある画期的な製品（現在廃番）。

堂々たる一枚の厚い鉄板から、フライパンが生まれる

「ドキドキしながら卵を入れたときのジュワーって音！　もう最高。（中略）驚いたことに全然焦《こ》げないの。もっと驚いたことには卵がふっくらお菓子みたい」（大分県在住・二十三歳女性）

「テフロンだとベチャッとなった料理もカリッとおいしくなりました」（愛知県在住・二十八歳女性）

鉄のフライパンの製造を手がける「リバーライト」へ届いたアンケートの一部である。初めて使ったという、こんな声もあった。

「親が使っていた鉄のフライパンはすぐ焦げるし、こびりつくしキライだった。（中略）ところが正しい使い方をすれば鉄のフライパンはこんなにすばらしいんだとびっくりした」（愛知県在住・二十六歳女性）

結論を先に言おう。フライパンには鉄やアルミ、ステンレス、樹脂加工などさまざまな種類があり、人気の主流は手入れのラクな樹脂加工に傾いている。しかし、強火で勢いよく炒める炒めものには、鉄のフライパンが最適。中火でなければ表面の樹脂を傷めてしまう樹脂加工のものは、油を使わずきれいに仕上げたい料理やホットケーキ、魚のソテーなどに向く。

高温に熱した鉄のフライパンでジャーッと威勢のいい音をたてて焼くと、肉の表面はカリッとこんがり、なかに肉汁が閉じ込められてうまみが逃げない。野菜を炒めれば水分も出ず、シャキシャキの歯ごたえが味わえる。

というのも、鉄は１０００度の高温にも耐える金属（アルミは６６０度）であり、熱

厚さ1.6mmの鉄板を、フライパンのサイズに合わせて型抜きし、円盤のような平たい円をつくる。まさにこれが、フライパンの原型。

伝導率はアルミや銅より低いが、いったん熱くなればしっかり熱を保持する。これこそ「火の料理」中国料理が、鉄の鍋でつくられる最大の理由である。

鉄のフライパンを使いこなそう

「鉄は使えば使うほど油がなじむ」という。そのわけを知れば、もっと上手に鉄のフライパンが使えるようになるはずだ。「リバーライト」の宇都宮さんが、こんなふうに教えてくれた。

「鉄をから焼きすると、表面に多孔質状の酸化皮膜ができます。この皮膜ができたところへ油を注ぐと、無数の微小な孔《あな》のなかに油がしみこみ、つまり鉄肌に油がなじんだ状態になるというわけです」

　だからこそ、使う前には必ず、全体がじゅうぶん熱くなるまで鍋を焼いてから、油を加えなくてはならない。ここで〝我慢〟ができなければ、たちまち焦げついたり、こびりついたりしてしまう。使ったあとはなじんだ油を必要以上に落とさないよう、熱いうちにさっと湯で洗う。洗い終えたら、少し火にかければ完璧に水気は蒸発する……使うたびにこれを繰り返せば、しだいに鉄肌に油がなじんでいく。

　また、鉄の鍋を日々使っていれば、微量の鉄分をからだに取り入れることになり、貧血防止に役立つことが知られている。

　さて、ではひとつ鉄のフライパンを使ってみようか、というひとのために、使い始めの手入れ法を。

　まず、じゅうぶんから焼きし、酸化皮膜をつくったあと、多めに油を注いでくず野菜を炒める。そのあといったん洗ってから、薄く油をひいておく――鉄は最初の手なずけ方がかんじんです。

鉄板を型抜きする

1

2

3

4

5

6

火にかけたとき、しっかりと熱を保持し、かつ扱いやすいフライパンをつくるには、1・6㎜の厚み（33頁写真）が必要だと「リバーライト」では考えている。巨大な鉄板を巻いてあるもの（1・2・3）は、ひと巻き1・5tから2tにも及ぶ。サイズにもよるが、この重さの鉄板から約1500個のフライパンの丸い型をとる。実際の型抜きの様子（4・5・6）。リボン状の鉄板を平らにのばし、さらに型抜き機にかけ、ひとつずつ真円に打ち貫いていく。

フライパンの形に成型する

カットした鉄板を固定し、高速でスピンする機械にかけて周囲を丸くカーヴさせ、フライパンの深みをつける（7）。次に縁の部分を削り、なめらかに加工する（8）。

7

8

焼きから完成まで

9

10

家庭でから焼きをしなくてもすむ処理をしてある「リバーライト」の「からやきシリーズ」の製品（現在廃番）は、400度の自動化燃焼炉のなかを通過させ、12分間かけて焼き、そののちパック塗装（9）。この工程によって鉄の表面に酸化皮膜（本文参照）が形成され、最初に塗装をはがして油を塗るだけですぐ使うことができるようになる。塗装を終えたら、「からやき」に限らずすべての製品にひとつずつリベットをはめ（10）、木の把手を取りつけて（11）、フライパンが完成する。

11
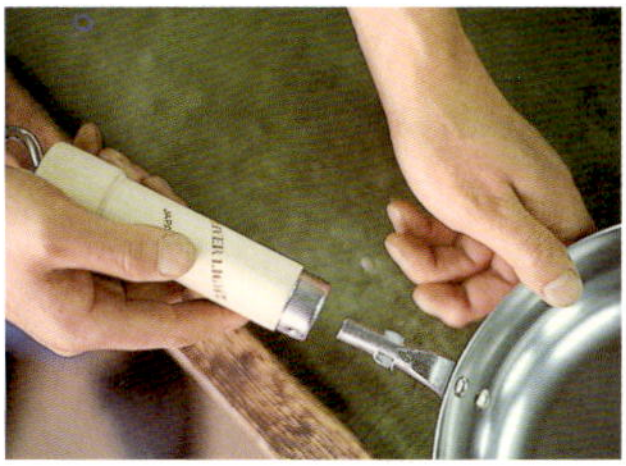

鉄のフライパンは、いっきに強火で加熱する料理に絶好

午後三時半。昼間の忙しさの波がすっかり引いたころ、日本橋「たいめいけん」の厨房《ちゅうぼう》で仕込みが始まる。「たいめいけん」は昭和六年、初代シェフ・茂出木心護《もでぎしんご》氏が開いた洋食レストランだ。

ふと一角を見ると、玉の汗を額に浮かべた若いコックさんが、乱切りにした玉ねぎやにんじん入りの巨大な鉄のフライパンを満身の力をこめてあおっている。この店では昔から、ステーキやコトゥレットなどの揚げものやオムレツには、必ず鉄のフライパンだ。

「ステーキには鉄のグリルです。鉄はいくら焼いても大丈夫だし、いっきに肉の表面を焼き固められる。オムレツにも、専用の鉄のフライパンを使います」

と、三代目シェフの浩司《ひろし》さん。隣で三十数年在籍するチーフが言う。

「樹脂加工のフライパンで肉を焼くと、脂の逃げ場がないから焼いたあとにネバネバした脂が残る。ところが、鉄は適度に油分を吸収するからカリッと仕上がるんです」

台所でぜひ、鉄とつきあう魅力に出会いたい。

年季の入った鉄のフライパンの数々が、半世紀をはるかに超えた店の歴史を物語る。プロが共柄のフライパンを選ぶのは、調理の過程でそのままオーヴンに入れられるため。

左頁：ナイフをすうっと入れると、なかがとろーっと半熟。思わず舌なめずりしてしまいそうなオムレツをつくるには、やっぱり手になじんだ鉄のフライパンが欠かせない。どんなに長く使っていても、まず最初に必ずから焼きをする。全体が熱くなったらバターを入れて溶かし、いっきに溶きほぐした卵を流しこむ。箸でかき回しながら、同時にまとめ、柄をトントンと叩いて返せばできあがり。この間たった30秒ほど。熟練のわざも、鉄のフライパンがあればこそ。

プロのオムレツづくりのすべて

炒める、蒸す……中華鍋ひとつであらゆる料理をこなす

「火の強さを巧みに使いこなして料理する——その中国料理の特性が、鉄を必要としてきたのです」

と東京・神田錦町の中国料理店「龍水楼」店主、箱守《はこもり》不《ふ》二《じ》雄《お》さん。

人類の歴史に鉄が登場したのは紀元前五〇〇〇年ごろ。中国料理と鉄は深い関係を結びながら発展してきた。広大な中国を旅すれば北から南にいたるまで、どの地方でも店でも家庭でも必ず、鉄の鍋子《グオズ》が自在に使いこなされている。この「龍水楼」の厨房でも、また。

「一ケ月に一度鍋を焼き、周囲についた焦げを焼きます。この管理さえ怠らなければ、朝から晩まで酷使しても、何年も持ちます」

爆《バオ》（高温で炒める）から煎《ジエン》（少量の油で煎り焼き）、蒸《チエン》（蒸す）まで、あらゆる調理法をたった一種類の鍋でこなしてしまえるのは、半球状だから鍋肌が広く使え、油が底に向かって流れるため、素材にまんべんなく油がゆき渡るから。そしてもちろん、急激な温度変化や高温に耐えられる鉄だからこそ。

中華鍋とお玉とジャーレンの三つは中国料理の必需品。

後始末は、さっと湯で洗う

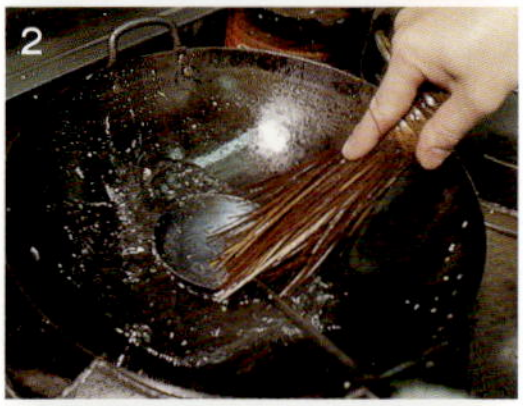

使い終わったら、まだ鍋が熱いうちに、すぐ湯で洗うのがコツ。驚くほどラクに汚れが落ちる（1）。竹のささらなどで、全体を軽く洗う。なじんだ油が落ちるので洗剤は使わず、ごしごしこすらない（2）。洗い終えたら、すぐに布巾などで水気をぬぐっておく。鉄は錆びやすいので、水気は大敵（3）。使い終えたらすぐ洗うのが原則。鍋が冷めたらしまう（4）。

両手鍋はこう持つ

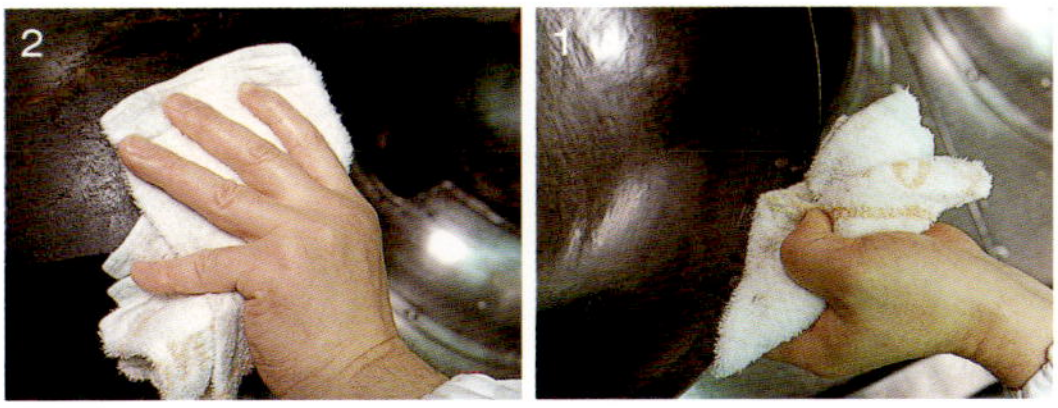

広東鍋など両手鍋を持つときは濡れ布巾を把手に当て、親指を把手にしっかりかけて持つ（1）。五本の指をしっかり開き、鍋全体の重みを支えるような感じでがっしりつかんで固定する（2）。

プロの炒飯づくりのすべて

鍋を少し煙が立つくらい熱し、全体にたっぷり油を回し入れ（1）、いったん油をあける。「表面にしっかり膜をつくるわけです。冷たいまま油を入れると、もう絶対くっついちゃう」。あとはごはんや具を入れて炒めるだけ（2・3）。つまり、使い始めがかんじんなのだ、やっぱり。このポイントさえ押さえれば、炒め終わったときには、ひとつぶのごはんさえ鍋にくっついていない（4）。

フッ素樹脂加工のフライパン

くっつかない。こびりつかない。手入れしやすい

「油なしで目玉焼きを焼いても、全然くっつかない、と口でいくら説明しても、実際に見るまでは誰も信じちゃくれませんでした」

一九六五年、日本初のフッ素樹脂加工のフライパンを世に送り出した鍋メーカー「フジマル」に在籍していたある社員は、発売直後の大騒動をこんなふうに述懐する。

「発売のち、わずか三ケ月後に百万個を突破。工場では文字通り寝ないでつくってました。それでも生産が間に合わなくて」

バッグにフライパンと卵のパックを詰めて営業マンがスーパーやデパートを回るたび、驚異の新製品は全国で大反響を巻き起こしていった。

それから四十数年。その「くっつかないフライパン」は、すっかり日本の台所の必需品となった。

中火に向く樹脂加工

フッ素樹脂は一九三八年、アメリカ「デュポン社」の研究所で発見され、テフロンと命名された。一九六〇年に商品化第一号のフライパンがメーシー百貨店で売り出されるや、たちまち人気沸騰。「フジマル」は、デュポン社から譲り受けた英文の説明書と首っぴきで、試作に格闘した。

フッ素樹脂（4フッ化エチレン）をアルミに吹きつけて膜をつくり、熱を加えても剥がれない――それは「フジマル」のみならず、生みの親「デュポン社」にとっても研究と工夫の歴史そのものであった。

フッ素樹脂は、発見後すぐに台所道具に使われたのではない。第二次大戦中は軍需用に使用され、化学や工業の分野でも利用されてきた。

「くっつかないフライパン」として初めて台所道具に応用された樹脂加工だが、実際

右頁：本体のアルミ材にリサイクルアルミを80％以上配合、新しくアルミを精錬する際に使用するエネルギーの3～5％で加工できるという「エコプラウド」。熱伝導性に優れたアルミキャスト（鋳造）製で、裏面の凹凸によってさらに熱の吸収が高められている。内面はデュポン社の耐久性に優れたテフロンプラチナ加工。金属べらも使用可能。直径26cm　5250円（IH対応品は6825円）5

つくる料理によってフライパンは材質を選び分けよう。
「たいめいけん」では、鉄のフライパンの内側にフッ素樹脂加工したものを使用。適材適所で道具を使い分けている。

の台所ではいくつかの問題点があった。空焚きしたり、強火にかけるうち表面の樹脂加工が剝がれる。金属ベラを使うとキズがつく。だからすぐ買い替えなくてはならない……デュポン社テフロンコーティング部では、

「フッ素樹脂塗料の耐久性の向上を図ることによって、消費者にアピールを繰り返してきました」

樹脂のなかに硬質セラミックを配合し、コーティングの層を厚くすることで、現在では金属ベラが使える製品も多くなった。ただし、フッ素樹脂の耐熱温度は260度程度なので、高熱でいっきに熱を加えたい料理より、中火で調理する料理に最適だと考えるとよいだろう。

ある市場調査では、初めてフライパンを買うとき、八割がフッ素樹脂加工の製品を選んでいるという結果が出た。くっつかない、こびりつかない。その簡便さは、目玉焼きが鍋を滑る光景に目を丸くした四十数年前と同じ喜びでもある。

アルミ鍋

どんな料理にでも自在に使いこなせる応用範囲の広さが、アルミの最大の魅力。だからこそ、しっかりした厚みのある鍋を選んで長く愛用したい。
雪平鍋　直径21cm　2420円　6

軽くて丈夫。値段も安い。日本の台所道具のスタンダード

　日本中の家庭で、もっとも一般的に使われてきたのがアルミの鍋ではないか。軽くて丈夫で、値段も安い。ごしごし洗ってもへこたれない。素足でサンダルつっかけて買い物に行くような気のおけなさが、アルミの鍋の大きな魅力だ。

　鉄やステンレスの三分の一の軽さ。熱伝導のよさは鉄の三倍。昭和初期に日本へ入ってきたこの新素材は、みるみるうちに支持を得て、庶民の台所道具の定番となった。そして、アルミはサッシや車の部品を始め住宅や日用雑貨品の素材に欠かせない素材となっていく。現在の多くのアルミ製造会社は、鍋釜の製造を手がけるところからスタートしたといわれる。

　アルミの鍋には、いくつか種類がある。昔なつかしい金色や、ポピュラーな銀色のものはアルマイト。そもそもアルミは空気に触れただけで酸化皮膜ができるため、非常に錆びにくい。しかし、酸やアルカリに弱く、使っているうち黒ずんでしまう。その欠点をカバーするため、アルミの表面を硫酸やシュウ酸などの電解液のなかで酸化させ、人工的に硬くて腐食しにくい酸化皮膜をつくった（昭和四年に日本で発明）ものがアルマイトである。いっぽう、雪平《ゆきひら》鍋や業務用のソテーパン、寸胴《ずんどう》鍋のように加工しない生地のままのものもある。

　あっというまに日本の家庭にアルマイトの鍋が浸透したのは、じつは食卓と大きな関係がある。

　欧米のように時間をかけてことこと煮こむのではなく、素材にさっと火を通したりゆでたり、小一時間もすればおいしい煮ものができる日本のおかずならば、使い勝手のいい薄手で丈夫なアルマイトが絶好であった。そして日本人の嗜好が広がるにつれ、パスタをゆでたりシチューやカレーをつくる業務用の寸胴鍋が関心を集め始める……アルミの鍋にもまた、日本人の食卓の変遷が重なっている。

「アルミ鍋＝有害」は本当か？

　一九九〇年。アルミの鍋に突然疑惑が襲いかかる事件が勃発した。「アルツハイマ

がっしりした均一の厚さが変形や破損を防いで耐久性を高め、さらにアルミの弱点である腐食も防ぐ。中尾アルミでは、神戸製鋼に特別発注したアルミを使用している。

中尾アルミの鍋。把手が鍋の縁にかけられる構造は、業界初の画期的なデザイン。
厨房でのやりとりから生まれたアイディアだ。

ー病との関連」である。ある学者によって書かれたこの論文は、その真偽が公正に確かめられないまま大きな騒動を巻き起こした。ある百貨店の家庭用品バイヤーは当時を振り返って、「右へならえ、とばかりにアルミの鍋がぱたりと売れなくなってしまい、むしろ怖さを感じた」と語る。

この騒動は、のちにＷＨＯ（世界保健機関）やＦＤＡ（米国食品医薬品局）、アルツハイマー病協会などがその因果関係を否定する見解を出して幕が引かれる。

知っておきたいのは、アルミニウムは空気中や飲み水、食品などにも含まれており、生活環境のひとつだということ。そして、金属製の調理器具を使えば、どんな素材でも微量の金属溶出があること。アルミ製品の溶出量は1ℓあたり0・1〜0・3㎎の微量。一般に日本人は一日に4・5㎎のアルミニウムを食品や生活環境から摂取しているといわれ、しかも、その99・0〜99・9%は排泄されてしまう。厚生省（当時）は、たとえ一日に最大50㎎摂取し続けたとしても、無害であると公表している。もちろん、世界中でアルミの鍋の使用が規制されている国もない。

これらの事実を知れば、人体への影響は根拠のない推測にすぎないことがはっきりわかる。

守備範囲の広いアルミ鍋

洋食では寸胴鍋や片手鍋、フライパン。ソースをさっと合わせ、ゆでたてのパスタを和《あ》えるイタリア料理にも、アルミの片手鍋が欠かせない。和食なら雪平鍋や、やっとこ鍋。プロの料理人が生地のままのアルミの鍋を選ぶのは、熱が素早く伝わり、腕にかかる負担が軽いから。さらに、そのままオーヴンにも入れられ、酷使に耐えられる丈夫さがあるからだ。

家庭でも、プロになった気分でその簡便さを役立ててみるのは楽しいものだ。丈夫で長持ち、お湯もすぐ沸き、洗えば汚れがすぐ落ちる。たとえベコベコにへこんでも、愛着がかきたてられて捨てられない――アルミの鍋はそんなふうに、日常の暮らしに溶けこんでいく「味わいのある鍋」である。

雪平鍋をつくる

1

2

3
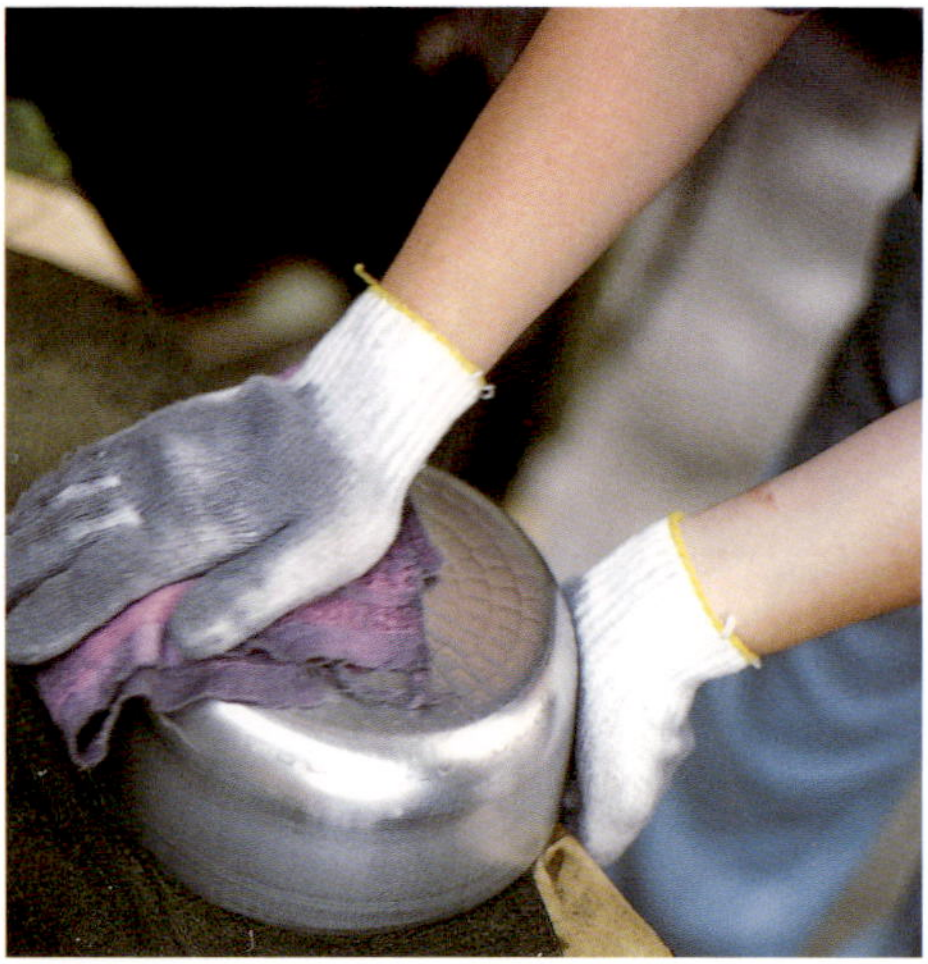

寸胴鍋をつくる

1

2

3

4

まだ日本に数台しかないドローイング加工（アルミを低速で絞り上げる）の重機（1）。上から円柱の鋳型がゆっくりと下降し、下に置かれた厚いアルミ（2）を低速回転でプレスしていく。この段階で最終的な厚みと直径に絞りこんでいく（3・4）ため、素材に無理がかからず、均一の厚さの立体成型に仕上げることができる。この製品は直径1m近い業務用の大鍋。ドローイングにかけて絞った本体を、まず機械で丁寧に研磨（5・6・7）したあと、手でヤスリをかけ、仕上げ磨きをする（8）。光沢の美しさ、なめらかさもまた、品質の高いアルミ鍋の条件。中尾アルミの鍋に刻印されているおなじみのシェフマーク（9）は、社長の似顔絵。中尾社長は料理界に貢献してきた実績を認められ、一九九四年、フランスから勲章を授与された。まさに、日本のアルミ鍋の品質の高さが世界に認められたかっこうである。

4

5

アルミ板に細かい目を打ち出してつくられる雪平鍋は、煮ものをはじめ、ゆでる、炒める、揚げるなどあらゆる調理法に応用できる日本独自の万能鍋。プロの厨房の必需品でもある。最大の特徴は打ち出すことで強度が増し、表面積が多くなるので加熱が効率的になること。厚さ3㎜の円形の板の底部（1）に目を打ったあと、専用の金属型（2）で型を絞り、ひとつひとつ丁寧にヤスリで磨く（3）。最後に、周囲に目を打つ（4・5）。

東京・虎ノ門にあるホテルオークラの厨房にて。一日中火にかけてゆっくりブイヨンを引く大鍋もアルミの鍋。煮たりソテーしたりするときも必需品。

5

6

7

8

9

日本が誇る名鍋「吉岡《よしおか》鍋」

昭和24年創設の江上料理学院でも「吉岡鍋」は大切な現役(1・3・4)。現在の「NEW吉岡鍋」はデザインと構造が少し異なり、本体・中ぶた・外ぶた・天板の4点セット(2)。底部の厚みは4〜5mm。側面から口縁部にかけて微妙に肉厚が変えてある。外ぶたも上下を返せば、フライパンとして活用することができる。熱しやすく冷めにくいアルミ鋳物の特徴を生かし、適温になったら火を弱めて使う。14175円 5

何十軒もの台所を見て回るうち、興味深い事実を発見する。年配の主婦の台所には、三〜四軒に一軒はアルミ製の「吉岡鍋」や「無水鍋」の姿があった。みんな口を揃えて言う。「豆を炊いたりおこわを炊くときは、絶対これじゃなきゃ」。

どちらも、溶かしたアルミを鋳型に流しこむ厚手の一体成型。この製法は質のいい鋳型用の砂が採れる富山を中心に、戦前から盛んに行われていた。ことに「吉岡鍋」は〝水を使わずビタミンやミネラルを逃さない鍋を〟との一念で鍋の研究に励んだ吉岡輝勇氏の力作。

本体以外に中ぶたや天板もついているところも、大きな特徴。これらを自在に組み合わせれば、炊く・蒸す・天火・煮る・焼く・炒める・揚げる、となんでもござれ。

当時からの説明書に、こうある。

「組合せによって多種多様な使い方ができるので、日常のお料理はこの鍋で充分。お台所が広く使えます」。昭和四十年ごろ、すでに収納を考慮した先見の明に驚く。さらに「緻密でねばり強く、アルミの自然な結晶で出来ていますから、いつまでも丈夫で長持ちします」。

初めて日本のお母さんたちがこの鍋で、煮豆をふっくら柔らかく煮上げたときの喜びは、どんなだったろう。忘れられないほどの感動を味わったからこそ、この鍋と一生つきあい続ける人は多い。

「文化鍋」でほかほかごはん

「初めチョロチョロ中パッパ、赤子泣いてもふた取るな」

日本の台所の名文句も、これほど炊飯ジャーが幅をきかせては、すっかり出る幕がない。しかし、火加減を塩梅《あんばい》しながら自分で手軽にごはんを炊く楽しみを味わわせてくれる道具がある。

それが、文化鍋だ。この鍋の発売は昭和二十四年。誕生するや爆発的な人気を博した。

戦後に石油が輸入され始め、一般家庭には石油コンロが急速に普及する。しかし、石油コンロでごはんを炊くと、湯が吹きこぼれて事故を招く心配がある。そこで大正七年創業の「関東軽金属器物鋳造」(当時)が、湯が吹きこぼれない工夫をこらしたアルミの鋳物鍋を開発し、特許取得したのが昭和二十年のこと。時を同じくして会社名を「文化軽金属鋳造」に変更。この画期的な鍋は会社の名を冠して「文化鍋」と呼ばれ始める。戦後まもないころ「文化」の二文字は、まぶしいくらいに新しかった。

炭や薪を燃やし、重くて洗いづらい鉄の羽釜《はがま》でごはんを炊いていた昔に比べれば、軽くて手入れも簡単で、少ない分量でもおいしく炊けるアルミの文化鍋は、主婦の強い味方となったのだった。

ときには自分の火加減で炊いてみよう。そわそわ炊きたてを待ったり、底にできる香ばしいお焦げを味わうのは、おいしいおまけ。

米と水を入れて火にかけ、なかが沸騰してくると、ふたの周辺におネバが上がってくる(2)。このおネバは、同時にふたと本体とのすきまをぴったりシールドする効果も果たしている。ふたの傾斜は吹きこぼれを見事に防ぎ、炊き上がるころには、周囲は糊状に乾いている(3)。火を自在に加減しながら自分で炊くごはんのおいしさは、ひときわ。文化鍋(1)は3.5合炊き(径18cm、4462円)ほか。7

家庭でも、ホテルの厨房でも、アルミはあらゆる料理に大活躍

東京・虎ノ門のホテルオークラの厨房では、ソースづくりもコンソメを引くのも、毎日のあらゆる調理はアルミの鍋なしでは考えられない。そもそもオークラのアルミの鍋は、30年近くにわたって総料理長を務めた故・小野正吉氏と中尾アルミとの出会いから始まった。ほとんどの鍋の厚さが1～2㎜しかなかった昭和40年ごろ、小野シェフは厚さ3～5㎜の鍋を求めたという。昭和33年に創業したばかりの中尾アルミは、それに応えようとひたすら試作を重ね、ついに小野シェフが希望した通りのアルミの鍋を完成させた。そのシリーズは、現在では全国のホテルの多くの厨房でも愛用されている。ホテルの厨房では、連日連夜の酷使に耐えられる頑強さが要求される。厚さ5㎜の特注品は、カレー粉を調合するときに使われている（1・2）。火の当たりが柔らかく、ムラもないうえ、熱の含蓄率も非常に高い。4はブイヨンを引いた寸胴鍋。3はピカピカに磨かれて出番を待つ片手鍋。直径16㎝ほどの浅型の片手鍋は、ソースづくりに使われることが多い。

3

1

2

江上料理学院にて。1・2は煮魚や煮ものにぴったり。「最近こういう和食に最適の昔ながらの鍋が見つからなくて残念」と江上栄子さん。3はこのままオーヴンにも入れられるフランス製オーバル型アルミ皿。「オーバル型は魚をのせるときに便利です」

1

2

神田錦町の中国料理店「龍水楼」でも、年季の入ったアルミのひしゃくや調理皿（1・2）を発見。ひしゃくはスープを注ぐときに、調理皿は切った素材を取り分けておくときに使われる。軽くて耐久性のあるアルミは、時間とともに風合いが高まっていき、愛おしい。

親子丼をつくる専用鍋。熱伝導率が最高の銅以外ならば、やはりアルミの打ち出し。絶品の親子丼を出すと評判の「バードランド」の厨房で。

ステンレス多層構造鍋

上：1939年創業以来、質の高い多層構造鍋を開発してきたアメリカ・ビタクラフト社の製品。全面が九層構造で熱効率が高いため、無水・無油・低温・低圧の調理が可能。健康志向にマッチした鍋として人気が高い。片手鍋に始まって、フライパンや深鍋などあらゆるサイズが揃う。片手鍋　容量3ℓ　36750円、両手鍋　容量4ℓ　42000円 8

右：フランス・クリステル社のシリーズ・グラフィットは、鍋底のアルミニウムをステンレスではさんだ三層構造。シンプルなうえ、鍋ごとオーヴンに入れて調理できる、直径14～24cmの6サイズすべてが重ねられコンパクトに収納できる、ワンタッチでハンドルをつけられる、など随所に新しさがある。両手鍋深型直径14cm　ふた付き（現在ふたのデザインが若干異なる）　13650円～ 9

水なしで栄養を損なわずにゆでられる理想の鍋

丈夫で美しいステンレス鍋

「水なしで野菜がゆでられるの。ごはんを炊けば、まるで竈《かまど》で炊いたみたいにおいしいし」

友人が清水の舞台から飛び下りる覚悟で買ったという鍋三個の値段は、上質のコート一着分と同じで、思わず息を呑んだ。しかし、二十年たった今でも、彼女はそのときと同じ鍋をずっと使い続けており、大枚はたいた買い物はむしろとても安くついたことになる。それがステンレスの多層構造鍋であった。

そもそもステンレスは非常に熱伝導の悪い金属である。熱を加えれば、その周囲だけが熱くなり、火を使う調理には不向きの金属といえる。しかし、ステンレスの最大の長所はまったく錆びず、耐久性に優れ、いつまでも美しいこと。そこで、熱伝導のいい高純度のアルミニウムをなかに入れ、その両側をステンレスでサンドイッチして一枚の金属板をつくる技術が開発された。つまり、熱膨張率の異なる金属が、高度な技術によってひとつに結合されたわけである。

なかでも画期的な圧着法を開発したのが、アメリカ・ビタクラフト社。現在では304ステンレス、特殊ステンレス、1145アルミニウムの三種類を交互に圧着して電磁調理器やハロゲンヒーターにも対応できる九層の製品も登場している。

うまみも栄養も逃がしません

多層構造の鍋の利点は、極めて熱伝導が優れているため、上下とぐるり周囲からまんべんなく強い熱が加わること。さらに、ビタクラフトのものになると、本体とふたが密着する部分に水蒸気が溜まる構造になっており、内側を密閉する効果（ベイパーシール効果）が備わっている。

密閉された内部は一定の高温と圧力が保たれるため、水がなくても、あっというまに野菜そのものの水分だけで火が通る。それは、ゆでるというより、むしろ「蒸す」感覚だ。だから、湯のなかにビタミンやミネラルが流出せず、栄養素が損なわれにくい。また、魚やステーキも、ふたをして弱火にかけておけば、そのままふっくら火を通すことができる。もちろん、肉を焼くときには油も必要ない（「焼く」というより、じわじわ火を通す「蒸し煮」の感覚に近い）。

ステンレスの多層構造鍋の最大の功績は、食品に含まれる栄養素の流出を防ぐ調理法を生み出したこと。それは、栄養学にとっては夢のような鍋の実現であり、なにより栄養を最優先させる調理をこころがけるひとにとっては、このうえなく理想的な道具といえる。

鋳物ホーローの鍋

じんわり火を伝えてくれる鋳物の鍋は、煮こみ料理に最適。おいしさにぐんと差が出る。オレンジ・25cm　29000円。黄、ブルーは参考商品　⑩

八十五年前の昔とまったく同じように炉は赤々と燃えていた

初めてル・クルーゼの鍋を使ったときの驚きを、十数年たった今でも鮮やかに思い出すことができる。あのときの料理は確か、コック・オ・ヴァン（鶏の赤ワイン煮こみ）。火を細く細く弱めても、いったん沸騰した鍋のなかの温度はちっとも変わらず、鍋はふつふつと機嫌よく煮え続けている。二時間もたつころには鶏肉は見るからにしっとりと柔らかく、ソースは艶やかに光っている。そしてその味わいには、ほかの鍋では決して味わえないまろやかな奥の深さが備わっていた。

鍋が料理の味を決める。

そのことを、私はル・クルーゼの鍋から学んだ。以来、肉じゃがもふろふきだいこんも、つまりなんでもかんでも、このフランス生まれの鋳物《いもの》ホーロー鍋の世話になり続けているのだった。

厚さ４㎜。熱が逃げにくく、焦げにくい。酸に強く、汚れにくいし、摩擦にも強い。どっしりと重いけれど、やっぱりいつも手に取ってしまう。その魅力の理由が知りたくて、私はフランス行きの飛行機に乗った。

北東フランスの巨大な炉

１４００度の照り返しを受けて顔が熱く火照《ほて》る。閃光のように火の粉がときおりぱあっと飛び散り、思わず後じさる。

ベルギーにほど近いフランス北部・サンカンタン郊外にあるル・クルーゼの工場で、一九二五年の創業当時と同じように巨大な炉の中で炎がごうごうと燃え盛っている。炉のなかで柿色に溶けている鉄やコークスの姿こそ、ル・クルーゼの鍋の原型。まさに、すべての始まりが目の前にあった。

一日（十二時間）に溶かす原料は５ｔ。一時間に一度、必ず品質チェックをする。もともと鋳物鍋を生産していたル・クルーゼがこの地に工場を構えたのは、品質のい

ル・クルーゼはベルギーにほど近いフランス北部で生まれた。

い鋳物の原料がベルギー国境近くで産出されるからだった。

広大な工場を巡ると、作業はおおまかに三つの工程に分かれているのがわかる。溶かした原料を型に注ぎ入れ、鍋のかたちに焼く。それをさまざまな方法で、細部まで丁寧に研磨する。ベースコートをかけ、最後に独自の美しい色合いに調合したホーローを焼きつけて仕上げる……質のよい原料やホーロー質が使われていること、焼き方や吹きつけ方に独自の技術が生かされているのはもちろんだが、いっぽうその工程はじつにシンプルでわかりやすい。

しかし、真に驚くべきは、その「シンプルさの中身」であった。

素材そのままが味わえる鍋

たった一個ももらさず、ル・クルーゼの鍋は人間の五感によって出来具合が確かめられている。ひとつひとつ、眼や耳や手を使って。

ホーローをかける直前は、こんな具合だ。それまで何度となく研磨された原型を、耳に雑音よけのヘッドフォンをつけた専任の職人がコンコン叩く。小槌は無垢の堅いブナの木だ。高い音が響けば、合格。鈍い音なら、ただちに不合格。どこかに必ずひび割れが入っているから。そして全体をくるりと見渡し、1㎜にも満たない傷でも、すぐさまパテで補修する。そして、厳しい関門を通ることができなかった原型は壊され、再び炉で溶かされて新しい型に再利用される。

「わが社の製品がすばらしいのは、ファクトリー（工場）とマニュファクチュア（手工業）が両立しているからです」

会長のヴァン・ズィーダム氏が胸を張る。ひとつの鍋にいったい何度、ひとりずつ違う人間の目が光っていることか。梱包直前、すでに完璧に等しい製品を再びひとつずつ大切に手にとって検査する姿に遭遇したとき、ル・クルーゼの鍋がつくり手によって愛されながら生まれていることを、私は知った。

「うちの鍋はね、素材の味がそのまま味わえる鍋なんだよ。上からも下からも周りからも、熱が一定に伝わってじーっくり火が通るのさ。ことにカスレ（白いんげんや豚、羊肉の煮こみ）には最高だ」

ここで働いて三十五年になるというおじさんは言った。「だから家には六つも七つもル・クルーゼの鍋があって、毎日それで料理するんだ」

愛されながら丹念につくられた鍋を、長年かけてじっくり使いこなす。その愉しみこそ、ル・クルーゼを手にする醍醐味である。

＊

「クルーゼ」とはフランス語で「坩堝《るつぼ》」の意味。コークス、砂、銑鉄《せんてつ》の原産地である北フランス、フレノワ・ル・グランでは二百年前から鋳物ホーローが製造されている。同地に工場を構えたル・クルーゼ社の創業は一九二五年。その品質の高さは「一度ル・クルーゼを知ると、それなしでは料理できなくなる」と評され、現在鋳物ホーローウェアでは世界一の生産量を誇る。製品の種類も豊富で、全四百種が揃う。ただし昔ながらの伝統的な製法をかたくなに守り続けており、まさにそれが世界中から確かな信頼と人気を得ている理由である。

鉄とコークスを高熱で溶かす

1

2

3

4

創業当時からそびえる巨大な二つの炉は一日交代で使われ、いったん火が入ると内部の温度は約1400度にも昇る。鋳物の原料は鉄（35％銑鉄、65％再利用鉄）とコークス。のぞき窓から見える内部は燃えるような柿色に染まっており、一日に5tもの原料がどろどろに溶かされる（1〜4）。こうして溶解された原料は500kgずつ、8分間隔でフォークリフトの大罐に注がれ次の工程へと運ばれていく（5）。

5

鋳型にはめ、じっくり焼く

1

2

3

4

溶けた原料はすぐさまコンピュータ制御によって型に流しこまれ、約300度の熱で7~8分間焼かれる。砂を金属製の型に詰め込んで凸型と凹型の鋳型をつくり、そのふたつが合わさったすきまに注いで焼き上げるため、一切つぎ目のない立体成型となる（1~4）。焼き上がった鋳物が冷めたら、

5

6

7

鋳型ごと職人が鉄カギで引っ張りだして周囲を叩きこわすと、鍋の姿が現れる（5・6）。これをひとつひとつ研磨機にかけ縁や把手など周囲をまんべんなく、なめらかに削る（7）。こうして鍋の「原型」ができあがる。

丹念に研磨を繰り返す

1

2

3

4
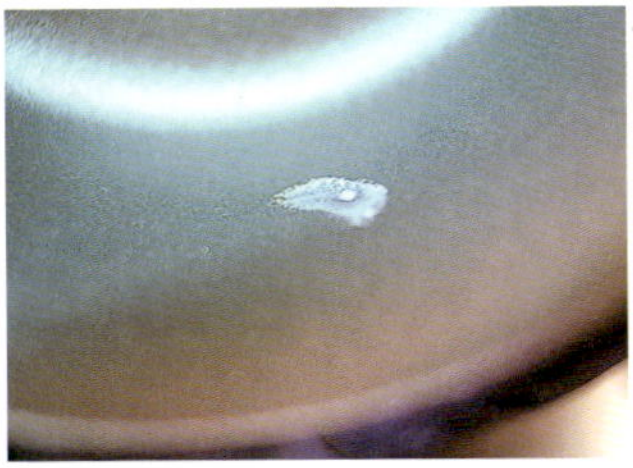

5

6
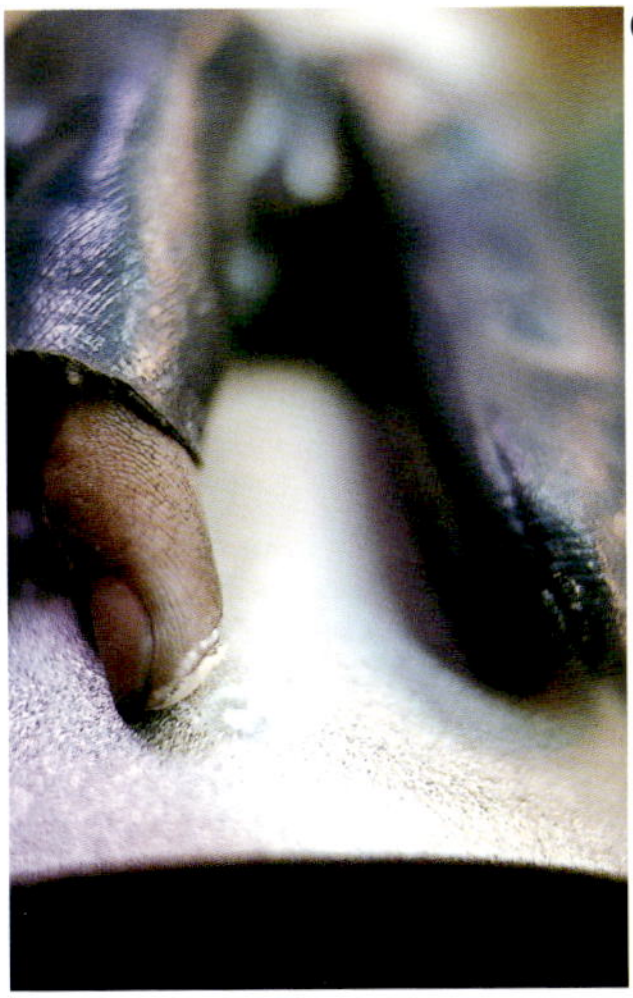

鋳造された鍋の「原型」は、何度も何度も精密な研磨が重ねられていく。粗い研磨の終わったものは、ごく細かい鋼のチップのなかに置かれ、回転を変えながら三分半ほど磨かれ（1）、内側もひとつずつ小型グラインダーでなめらかに削られていく（2）。また、熟練の職人が鍋を手に持ち、小槌で叩いて音を確かめながらひび割れの有無をチェックする（3）。このときかすかなへこみも見逃さず、必要なら専用のパテを手で埋め込む（4・5・6）。ル・クルーゼの鍋の表面のなめらかさ、美しさはこんなふうに入念につくられている。

3種類のホーローをかける

1

2

3
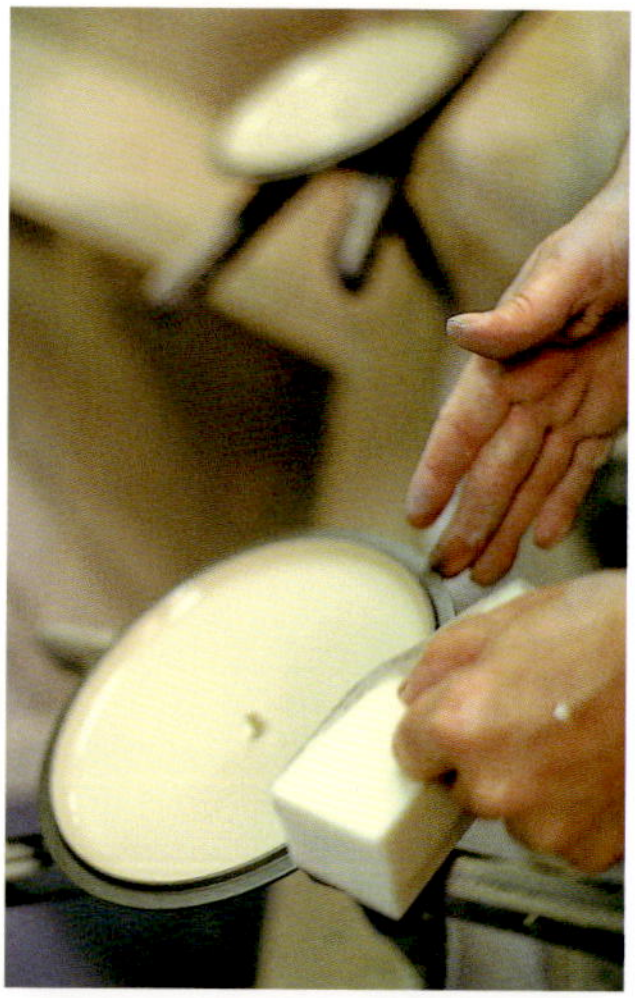

4

5

6

7

研磨が完成すると三種類のホーローがかけられ、耐久性と保温性を高める。まず内側にベースコートをほどこし（1・2）、適宜スポンジをかけて整え（3）、カラーコーティング。鍋をゆっくり回転させながら、それぞれの色を調合したホーローがまんべんなく吹きつけられ（4）、800度で50分間焼きつける。最後にフィニッシュコートが800度で焼きつけられる。仕上げ後にも、ひとつずつ製品をチェック（5）。天井まで高く積み上げられた製品（6・7）は、世界各国へ輸出されていく。

ル・クルーゼのあるサンカンタンの街。

煮るほどに鍋のなかで美味が生まれる

上：ガラス質のホーローは、長時間煮こんでも鍋に匂いがつかず、汚れも洗い落としやすい。これも世代を超えて愛用される理由のひとつ。
下：厚い鋳物ホーローは熱の伝わり方にムラがなく、弱火でじっくり煮こむ料理に最適。

茶筒

胴長、長型など大きさ、長さ、中蓋の仕様など種類はいろいろ。用途や茶葉によって自分に向くものを選びたい。銅40g径6.5　高さ6.5cm　8925円　11

茶筒ひとつずつ、蓋と本体の継ぎ目がぴたりと合う一点がある。この定位置こそ、優れた機能性のシンボルだ。ブリキ平型200g 径9.2 高さ11cm 10500円　11

ロンドン「ポストカードティーズ」から注文を受けて誕生。シンプルなデザインは欧米でも人気だ。真鍮、銅、ブリキ 各120g 径7.8 高さ8.1cm 10500円 11

長く使えば使うほど、味が出る

すーっ、ぴたっ。自分で閉めた蓋がまるで手品のように滑ってぴたりとおさまる様子は、何度目にしても息を飲む。しかも、それがあわただしい朝なら、まことに気分爽快。一日のはじまり、うつくしい光沢を帯びた茶筒に感謝をおぼえる。

　そんな類いまれな機能性を備えているのが、京都「開化堂」の茶筒である。明治八年、イギリスから輸入されたブリキを使い、丸鑵づくりの草分けとして創業した。現在五代目を継ぐのは八木聖二さん。初代から伝承されてきた伝統の製法を守って、すべて手づくりで精妙に仕上げる。

　ひとつの茶筒を仕上げるために必要な工程は、百三十あまり。茶筒の大きさはまちまちだが、もう五十年以上手掛けてきた大ベテランでさえ一日に十個つくれるかどうか。鍛え上げた勘と技術を奮って取り組む姿には、近寄りがたい迫力がある。

　ただし、たんに緻密を追うばかりではない。八木さんは明かす。

「ちょうどええ加減やな、というところでやらんとあかん」

　この「ええ加減」こそ、「開化堂」の茶筒の秘密。つまり、緻密なだけではだめ。そこに「ほどのよい遊び」が共存していなければ、真の使い心地のよさを生み出すことはできない。これこそ、茶筒職人として研鑽を積んできた八木さんの信条である。

　河原町六条の工房に足を運んで、その「ええ加減」の一端に触れ、瞠目した。

　なんと、茶筒はまっすぐの円柱ではなかった――。

胴部分につける、かすかなふくらみ

　茶筒は蓋と本体に分けてつくる。ブリキは0・4ミリ、銅は0・5ミリの厚さの素材を使い、つくる大きさに合わせて糊代を残し、切断する。切断面を小槌で叩いて歪

右：手入れして長く使うよろこびは格別。時代を超えて使い続けられている「開化堂」の茶筒は、長年の顧客から修理の依頼を受けることも多い。左：工房のかたわらには、職人仕事を見守る神棚が祀ってあった。

みを調整してから三本ロールと呼ばれる機械を通して丸め、さらにハンダ付け、底入れ……作業は着々と進んでいく。蓋と胴体を合わせて相方を決めると、八木さんはなだらかに歪曲したT字の鉄具に押し当て、胴の周囲をトントンと叩きはじめた。

「じつは、茶筒の胴部分はものすごく微妙にふくらんでいるようにできています」

驚いた。蓋と本体が絶妙の相性となってぴたりと閉まるのは、目で見えないわずかなカーブがあるからこそだったとは。

八木さんはこの作業を「均《なら》す」と言いあらわす。ただの円柱ではない。かすかなふくらみを得てはじめて、道具として均される。だからこそ、あの滑るように繊細な感触が生まれるのだった。

だから「開化堂」の茶筒には、ひとつずつ蓋の閉め具合に硬さ、柔らかさがある。ひとによって好みも違うし、茶筒がおのずと備えている癖もある。つまり、使いつづけるうちにひとと道具が馴染んでいく。そこで本領を発揮するのが「ええ加減」なのだ。

毎日手で触ったぶん、傷さえも味わいに取りこんで風情を高めてゆく。長年使うほど、世界でたったひとつの茶筒に育ってゆく様子は、ほんとうにうれしく愛おしい。

日本茶はもちろん、コーヒー豆や紅茶、海苔やあられなど、湿気を嫌う素材ならなんにでも。香りも風味も色も変わることなく、最高の保存状態を維持してくれる。日本にこんなすばらしい生活道具があることを誇りたい。

明治以来、家族代々「開化堂」を引き継いできた。中央は5代目八木聖二さん、経理や事務を担当する妻・和子さん、次代を担う隆裕さん。

数十年経つとブリキ、真鍮、銅（右から）ともに深い色合いに変化し、手擦れによって柔らかさを増す。しかし気密性は一切変わらない。これぞ名品。

材料を切る

1

2
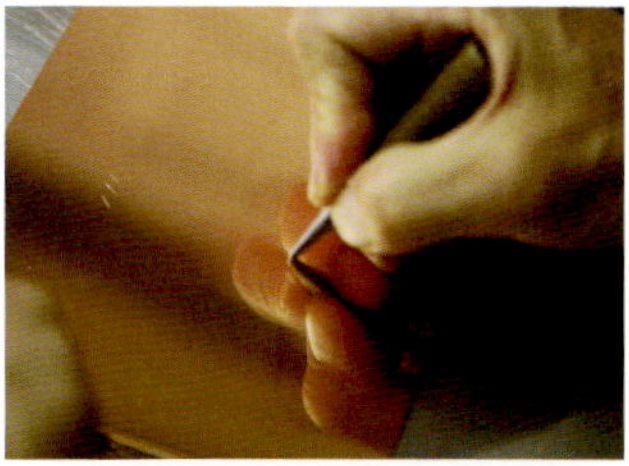

3
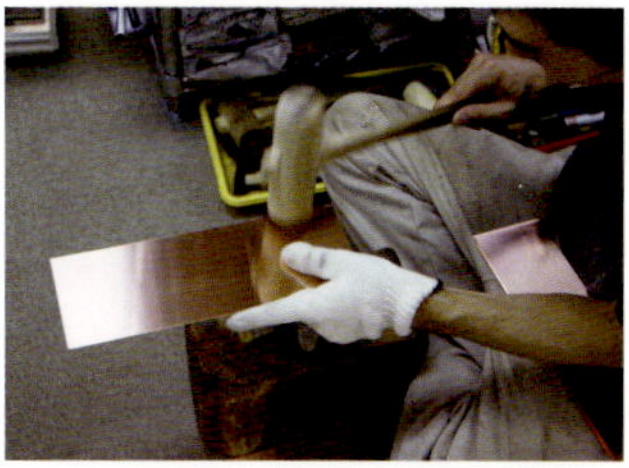

5

茶筒の大きさに合わせて素材を選び、切断面をなめらかに削って角を取り、自然に均しておく。糊代の部分に線を引き（1）、あとで蓋と胴が合うよう番号を刻印しておく（2）。板が重なる糊代の部分を小槌でまんべんなく叩き（3）、この段階であらかじめ手触りをよくしておく。先代から使いこんできた「三本ロール」と呼ぶ機械に板を通してカーブをつけ、丸める（4）。数多くのパーツ（5）は熟練の技でひとつの茶筒に仕上げられてゆく。

4

ハンダ付け

8

6

7

「三本ロール」で丸めたあと、ハッソウと呼ぶクリップで糊代をはさんで止め、この段階で直径を固定する（6・7）。ハッソウをきちんと止めるやり方ひとつにしても、経験がものをいう。あらかじめ継ぎ目の部分に溶剤を塗っておく（9）。ハンダ付けはふたりひと組ですばやく行う（8）。ハンダは錫6、鉛4の割合。約180度の熱で溶かし付ける（10）。ハッソウは的確にはずさないと、ずれてだいなしになる。早業で勝負。銅はすぐ焦げるので温度管理がむずかしい。

相方を決め、底を入れる

11

12

13

14

蓋、本体ともハンダ付けを終えて円柱になったら、まずキイと呼ぶ本体の下地になっているブリキ部分と蓋を合わせ、ぴたりと合う相方を決める（11）。縁の周囲を小槌でトントンと叩き、エッジを取ってなめらかにする（12・13）。ひとつの工程が進むたび、手になじむよう細かい仕上げが丁寧にほどこされる。底を入れて押し上げたあと、底の部分をぐるり、むだのない所作でハンダ付けして止める（14）。

9

10

胴を微妙にふくらませ、調整する

15

「開化堂」の茶筒はただの円柱ではない。胴まわりにかすかなふくらみをつけることで、蓋にぴったりと合うよう最終調整をする(15)。数字では決して測ることのできない、ひとの五感だけがなし得る領域だ。これぞ蓋の絶妙な閉まりぐあいの秘密。缶の種類はたくさんあるが、蓋と胴部分のバランスは平均4対6。持ちやすい直径は7・5～9㎝。道具には人間の手が扱いやすい黄金律がある。

磨いて仕上げる

最終仕上げもじつに念入りだ。水をつけ、金属のブラシで下磨きをする。ナタネ油を全体に塗り、高速回転させながらまんべんなく砥の粉で削りながら磨きをかけると、みるみるうつくしい光沢が現れる(16・17)。磨き終えると、白手袋をはめてあらためて蓋をし、手に神経を集中させて閉まり具合の硬さ柔らかさをチェックする(18)。すこし調整が必要と判断すれば、この段階で小槌を使って微調整。こんなふうに、すべての茶筒は厳しい審査を何重にも受けている。

16

17

18

Ⅱ

料理の腕を上げる基本の道具たち

優れた機能を持つ台所道具は、料理上手の心強いパートナーである。
ただし、人によって「使いやすさ」は微妙に違う。
よくつくる料理の種類も違えば、手の大きさや力の入れ具合は
それぞれ違うし、台所のスペースだって千差万別。
だからこそ、自分にとっての「使いやすさ」が大事なのだ。
機能的で、飽きずに長く使えて、丈夫。しかもシンプルで美しい。
これらの条件をもとに、さまざまな台所道具をセレクトし、
実際に毎日使ってみた。その結果、ここに紹介するものは、
これならば！　と自信を持って断言できるスグレものばかり。
「気がついたらもう、何十年もの長いつきあいになっていた。
すっかり自分の暮らしに溶けこんでいて、もう一生手放せない」
そんな道具に出会えたとしたら、
これはたいそう幸せなことではないか。

すいすい切れれば、料理は気持ちよくはかどる

指にぴたりとフィットしてするする切れる小型ピーラー

ピーラー（下）は薄切りと皮むき、ジュリエンヌカッター（上）は細いせん切り。両端を指で押さえて固定させるから、力がそのまま伝わって小回りがきくのが最大の利点。ステンレス製で厚みもあり、丈夫さも申し分ない。6.2×3.4cm　ジュリエンヌカッター1575円、ベジタブルピーラー1260円　⑫

キッチンばさみは丈夫なほどうれしい

ウェンガー社の刃の特殊加工の切り心地は信頼感抜群。グリップ部分もがっしりした構造で、150℃耐熱の樹脂素材。安定感のある握り具合がいい。殻むきや骨切りにも。包丁と合わせて活用したい。刃渡り7cm　長さ21cm　5250円 ⑮

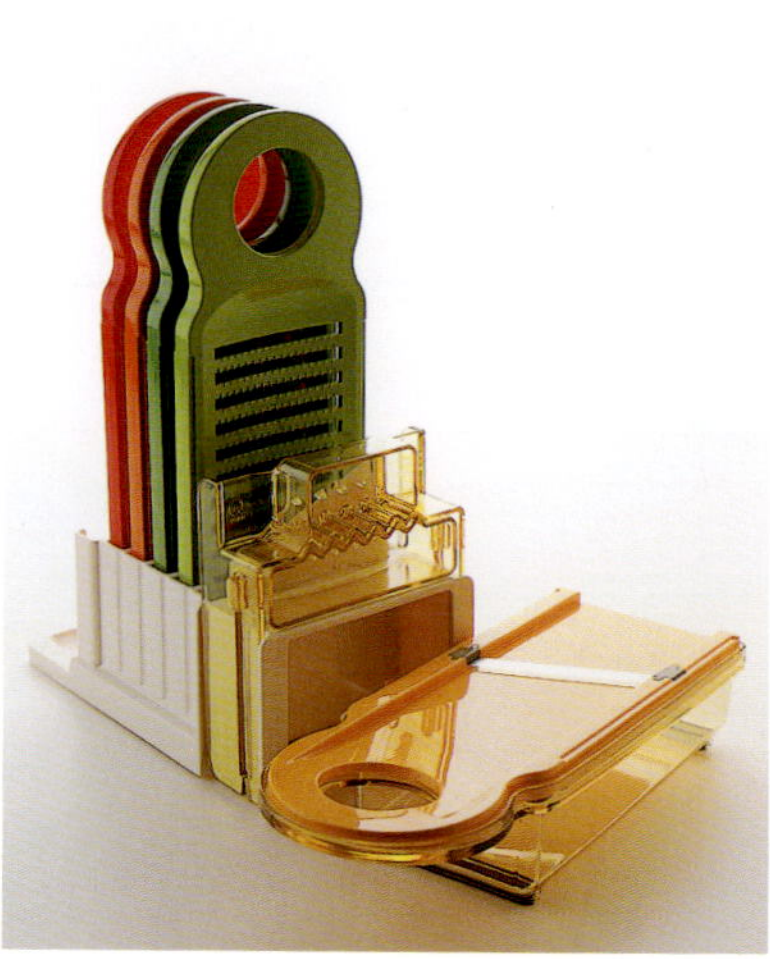

やっぱり、あると便利。野菜調理器

おろす、切る、せん切り、みじん切り、細切り……5種類のスライサーと受け皿、プロテクター付き。ちょっとレトロな色が楽しい。スライサーの替え方は簡単、扱いが楽なところがいい。野菜調理器Qシリーズ。18×10.3×24.5cm　3990円 ⑬

さすがWMF。卵もスタイリッシュに

ゆで卵をのせてワイヤーを下ろせば、すぐさま美しい輪切りに。ドイツの名ブランド「WMF」のエッグスライサーは、しょっちゅう手に取りたくなるさすがの機能美。卵はたてにも横にも固定できる。15×11cm　高さ3.5cm　3675円 ⑯

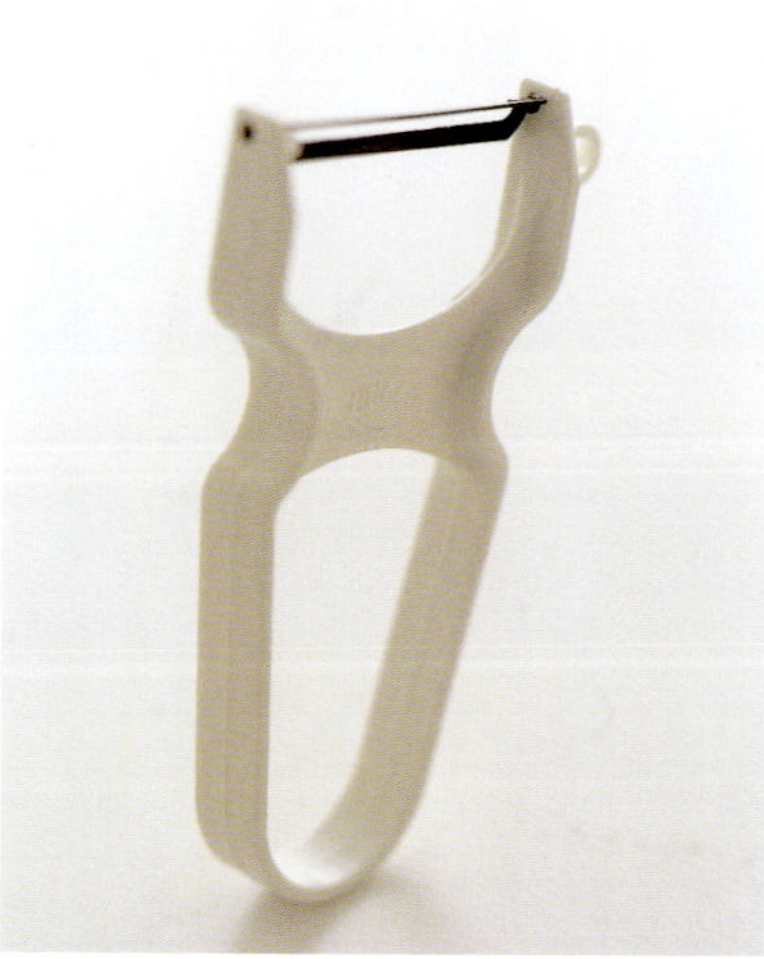

惜しげなく使える定番の1本

ピーラーは水に濡れたままの手でもしっかり握れて、汚れにくく丈夫なものがいい。ドイツ・リッター社の製品は安価で丈夫、惜しげなく使えるところがいい。年齢性別を問わず、だれでも安心の使い勝手が光る。長さ10.5cm　504円 ⑭

熱くても硬くても、爪仕事

名前は「銀の爪」。軽く握るだけで、先端部分に力が集中できる。焼きなすやふかしたじゃがいも、ふきの皮むき、魚の小骨取り、いちごのヘタ取り……小さな仕事ならなんでも。先端が丸くなっているので扱いやすく、安全。長さ10.8cm　977円　[18]

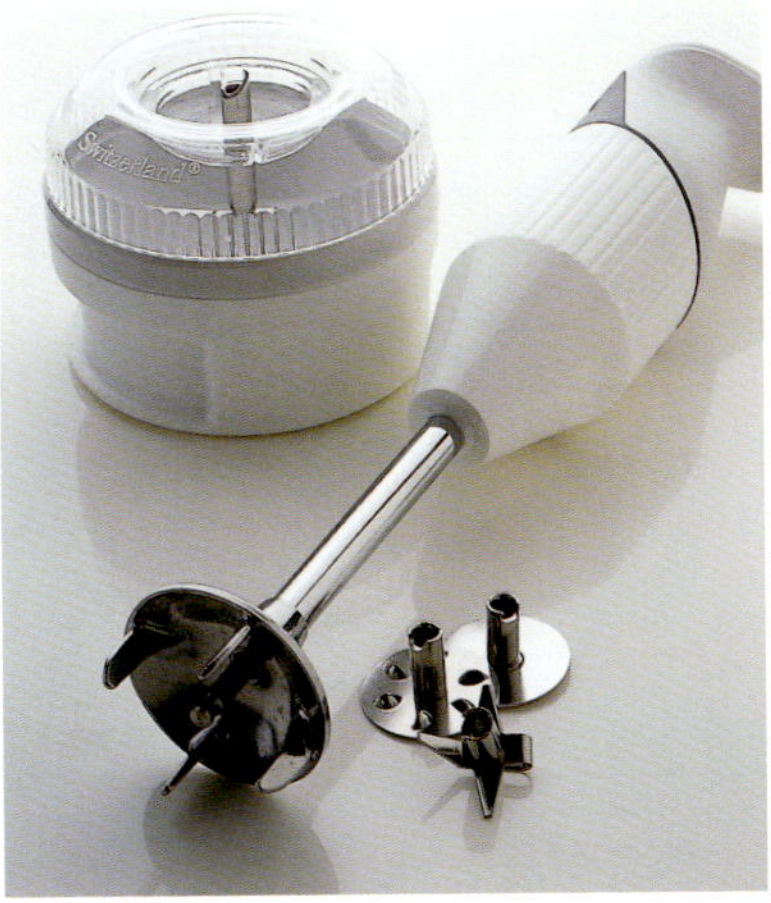

第2の万能包丁として、貴重な戦力

みじんに切る、おろす、こねる、混ぜる……アタッチメントを交換するだけで、さまざまな役割をこなす。バーミックスなら、場所を取らずにたった1本の「棒」が大活躍。バーミックスM250ベーシックセット本体　径6.5　長さ34cm　27825円　[9]

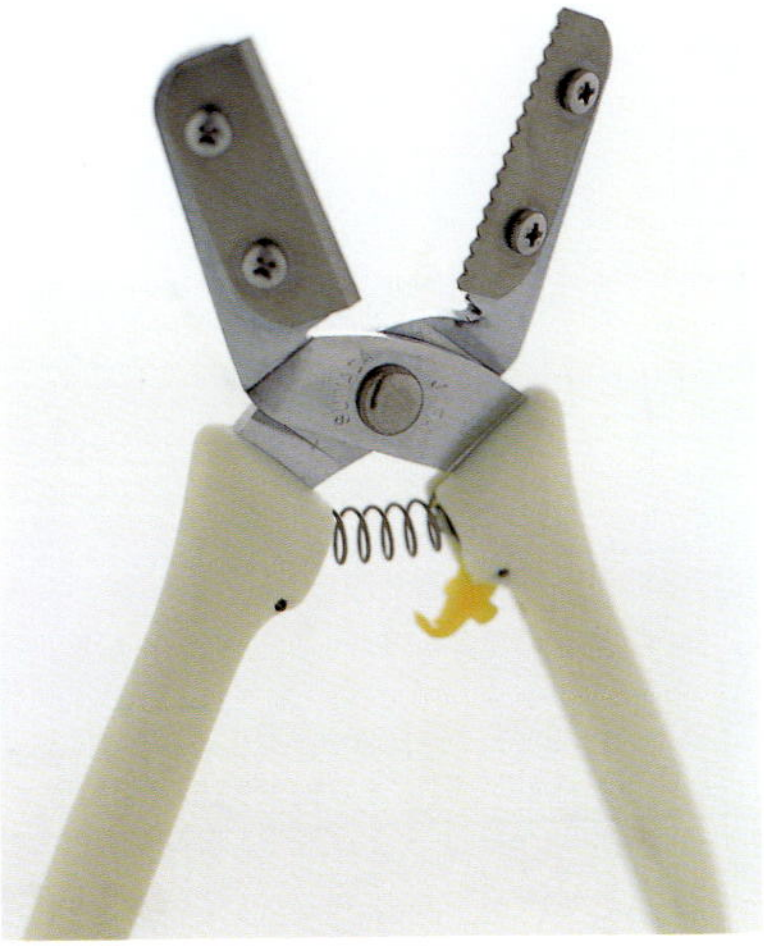

硬い栗でも、すぐさま坊主に

機能のよさは一度使えばすぐわかる。当初はアイディア商品のひとつだったが、丈夫さ、機能性に絶大な信頼が寄せられるようになり、今や定番になった栗の皮むき。その名も「栗くり坊主」。めんどうだった栗むきが一気に楽になる。長さ17cm　2625円　[19]

硬い特殊鋼で薄切りも鮮やか

レモンもトマトも、たとえ1mm単位の薄いスライスもおまかせ。アーミーナイフでも有名なスイス・ウェンガー社のスナックナイフならいとも簡単。ステンレス製の特殊波刃。スナックナイフ刃渡り13cm　1890円、パーリングナイフ刃渡り8cm　1155円　[17]

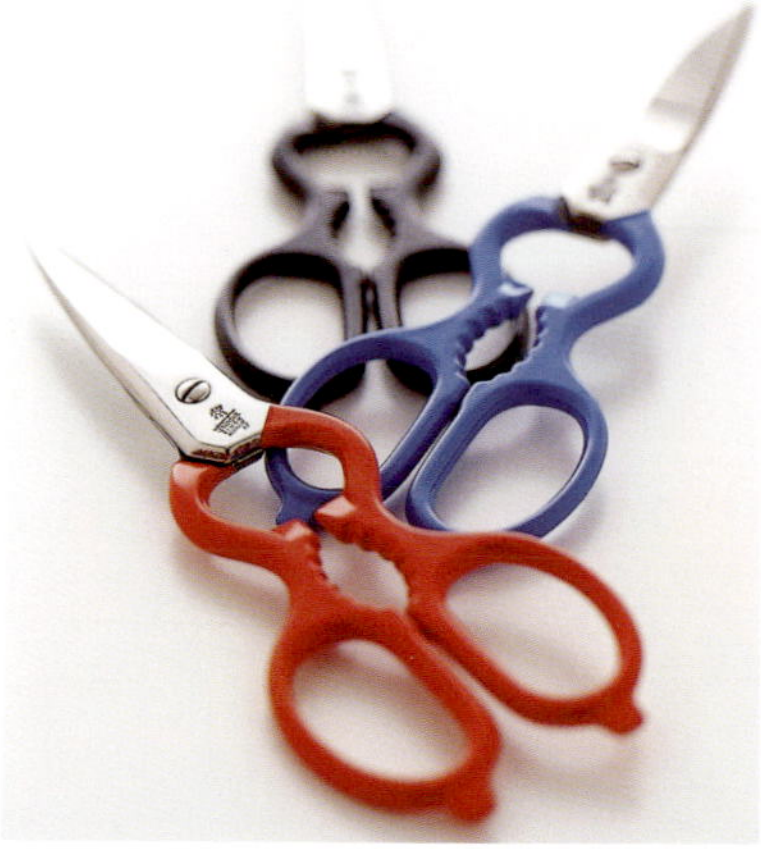

むだのない構造に安心感あり

パセリを刻む、昆布を切る、魚介の下ごしらえをする……かたときも手放せないキッチンばさみは、水に強く、分解して手入れできるものを。シンプルで、丈夫で、余計なものがなにもない。「ツヴィリング」の定番キッチンばさみ。長さ20cm　各7350円　21

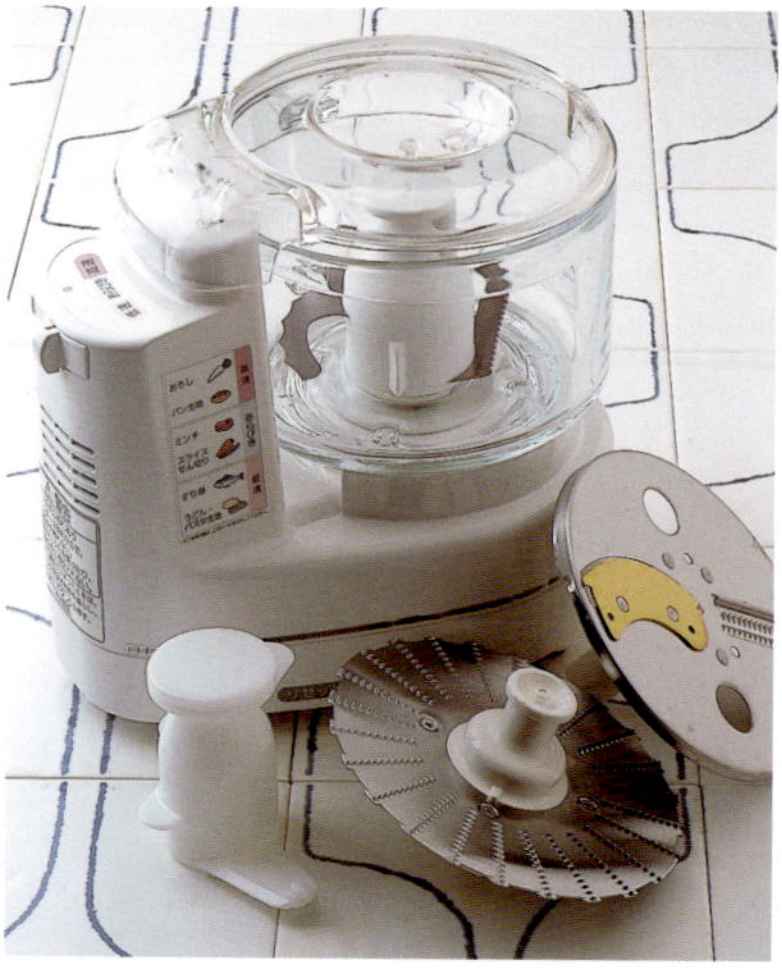

1台の機能を使いこなす

1mm厚さのスライス、おろす、刻む、すり潰す、粗挽き……仕事ぶりは見事。速度調節もでき、パン生地もこねられる。本体は厚手のガラスで清潔感がある。15.4×22.5cm　ナイフカッター使用時の高さ21.2cm　オープン価格　20

丁寧な職人仕事が光る一生もの

京都「有次」のおろし金を使うと、おろし具合で味がこうも違うものかと驚くはずだ。目立ての確かさ、丁寧さは群を抜いている。目が減ったら直しに出し、末永く愛用したい。銅製。ミニは13×7.1cm　2100円、No.8は26.6×12.3cm　7770円　22

こまかい仕事はこの1本におまかせ

ドイツの信頼のブランド「ヘンケルス」のロストフライペティナイフ。小回りのきく細長いかたちで、すっきりと手になじむ。ペティナイフは意外に出番が多いもの。自分の手に合うものを数本揃えておくと、とても便利。刃渡り13cm　2200円　14

おいしい和食づくりに欠かせない道具たち

ふっくら、ほかほか。
土鍋で炊くごはんの味は違う

土鍋で炊くと、米にじんわり火が通っていっそうふっくらと味わい深くなる。なかでも伊賀「長谷製陶」の「かまどさん」は、誰でも失敗なく炊けるすぐれもの。厚い中ぶたで圧力をかけながら炊き上げる。3合炊き　径23.5　高さ18cm　10500円
23

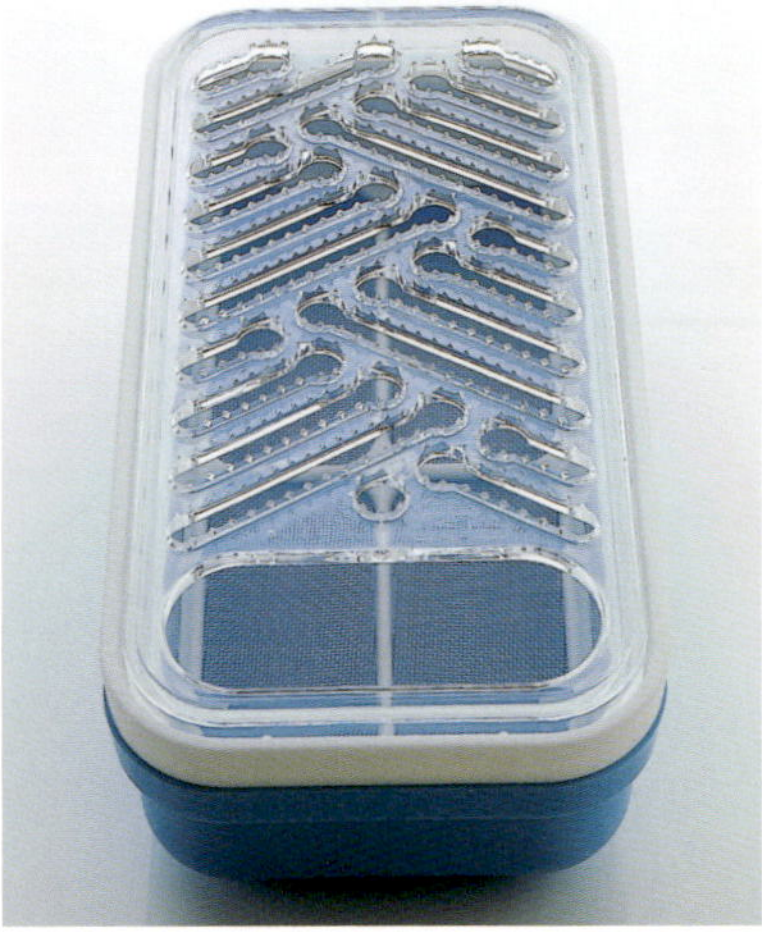

余分な水分が切れるだいこんおろし器

ネットの受け皿がついた二重構造になっている。だいこんをおろすとネットを通して水分が自然に、適度に切れる仕組み。手前の穴は手で固定できるように。優れたアイディアが詰まっている。滑り止めゴムつき。8.5×16.5×高さ5.2cm　1050円　26

おひつに移せば、おいしさそのまま

秋田県大館の名産は秋田杉。そのすがすがしい風合いを生かした伝統工芸品が大館曲げわっぱだ。吸湿・発散性に富み、炊きたてのごはんを保存するには最適。毎日の暮らしに日本の道具をもっと活用したい。6寸径18　高さ9.5cm　21000円　24

日本伝統の台所道具、すり鉢とすりこぎ

おろしたてのごまの香ばしさは格別。山いも、つみれなどおいしい和食づくりに、すり鉢は欠かせない。すりこぎは長年使える堅牢な山椒のものが最適。ぜひひと揃い持っておきたい。すり鉢　径21cm　1050円、すりこぎ　長さ25.5cm　1008円　27

炊くたびに自分で精米する贅沢さ

ごはんを炊くたび精米するおいしさはやみつきになる。白米、3・5・7分搗きから選べ、音が静かで米を壊さない圧力式。シンプルな構造だから扱いもらく。ＹＡＭＡＺＥＮ圧力式家庭用精米器ＹＮＳ-240　18×34×高さ32cm　16800円（参考価格）25

削りたてのかつおぶしは最高の味

かつおぶしの風味は、削った刃のよしあしで大きく左右される。だからこそ信頼のできる店で買いたい。「有次」の刃の品質のよさはもちろんのこと、カンナ刃の研ぎや修繕も引き受けてくれる。まさに一生ものの「かつお箱」。27×11×12cm　15750円　22

電子レンジにも使える陶器のめしびつ

陶器のめしびつに先鞭をつけた伊賀「やまほん陶房」の「めしびつころりん」。ごはんが乾かず、冷蔵庫にもそのまま入れられ、おまけに電子レンジで直接チン。おいしい食卓のおともに欠かせなくなる。径13　高さ11.5cm　5040円（送料込）28

丈夫で簡便。セラミックおろし器

台所道具の大ヒット製品のひとつ。セラミック製なので目減りしにくく、使い心地が持続するのが長所。洗いやすくて清潔なところも人気の秘密だ。裏に滑り止めがついているので、ぴったりくっついてずれない。大　径18.5cm　2625円　30

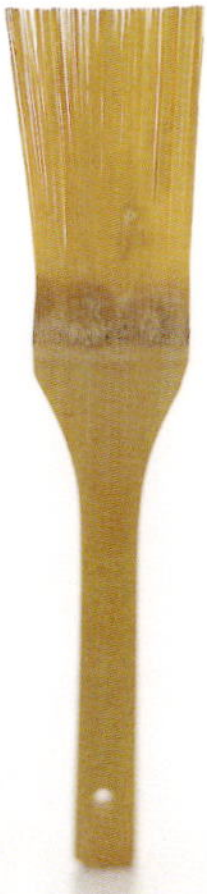

さっとひと掃き。竹のスクレーパー

しょうがやにんにくをすりおろしたり、ごまをすったあと、しゃっしゃっとひと掃きするだけで、気持ちよく1ケ所に集められる。竹のしなり具合と強度は絶妙。台所に1本置いておきたい、さすがの使い心地だ。長さ13cm　399円　29

つまむ、こそげとる、盛る……手の延長線として大活躍

塗る。切る。はがす。
弾力性に技あり!

刃はのこぎり状、絶妙のしなり具合。バターやジャムを塗る、パンやトマト、ハムを切る、柑橘類をくり抜く……八面六臂の活躍ぶり。持ち手は風合いのいい木製。ビッグ　長さ23.8cm　2800円、ミニ　長さ21.8cm　1980円　31

さっとひと掃き、アクをきれいにとる

細かいものを吸着しやすいシリコンの特性を生かした製品。先端がごくやわらかなブラシ状になっており、表面をなでるように掃くと、簡単にアクを集めて取ることができるシリコンブラシ。溶き卵や油を塗ったりするときにも重宝する。長さ22cm　840円　[33]

幅広さが使いやすいイチョウ材の木ベラ

微妙に幅の広さと角度が違う。幅広のものは、面積が広いので混ぜるとき、とてもらく。料理によって自在に使い分けたい。反りにくく丈夫で水切れのよいイチョウ材は、手にも優しい。樹脂加工の鍋にも向く。長さ30cm　3本組1680円　[2]

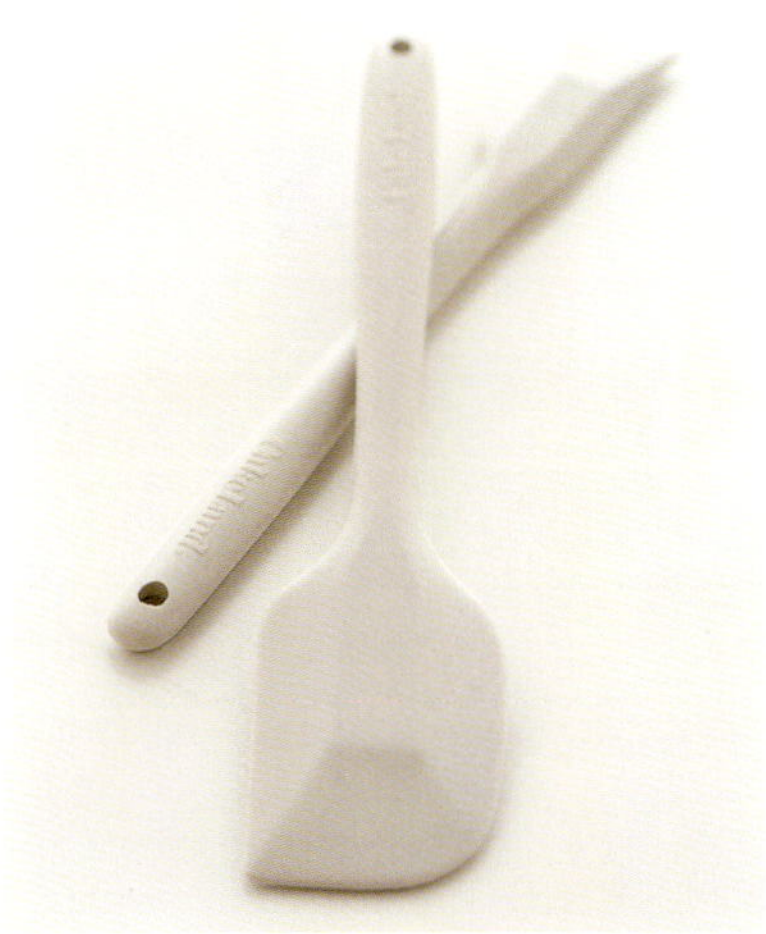

耐熱204度。シリコンゴム製スパチュラ

204度の高温でもへっちゃら。平型の一体成型で、微妙な角度がついているところに注目。だから、鍋肌の熱いソースや汁気も最後の一滴まできれいにむだなくこそぎ取る。料理ベラとしても応用可能。幅広型26cm　1260円、細長型25cm　1050円　[34]

ぺったんこの浅さがすくいやすさの理由

深さがなく、ぺたんと浅い。だから素材が取りやすく、鍋底の汁まできれいにすくえる。東南アジアのスプーンの使い勝手の良さを取り入れて日本テレビ系「3分クッキング」で「大好きスプーン」と命名され、製品化されたもの。長さ22cm　1470円　[32]

あると楽しいカラフルなスパチュラ

シリコンだから熱いものでも冷たいものでもＯＫ。スプーン型は炒めものや汁ものに便利、一体型も手の延長として自在に使える。一体型ホールシリコンスパチュラ　長さ26cm　945円、スプーンスパチュラ　長さ27.5cm　1155円　33

先端の直線、左右のカーブの違いに注目

誰が考えたのだろう、こんな細やかな構造。先端の直線は瓶の底に合い、左右のカーブは丸みと曲がり具合が微妙に異なる。ジャムスプーンと呼ばれているが、瓶や缶入りの調味料をすくうときなどに大活躍の1本。ステンレス製。ショート　231円　14

指のように働く竹の菜箸、盛りつけ箸

竹の菜箸は手に心地よく、適度にしなやか、丈夫で長持ち。汚れてきたら削って使える。プロが愛用する皮つきの盛りつけ箸は、細かいものでもぴしゃりとつまめ、盛りつけがぜん映える。菜箸　36cm　40円、手削り盛りつけ箸　32cm　1300円　35

スパゲティも肉も、ぴたりとつかむ

トングの先端部分が櫛状の三角形になっているところに注目。台所仕事はスピーディさで勝負。つかみにくいパスタもさっとつかんで逃さない。ステーキなど重量のある素材も的確につかむ。ステンレス製。「チェリーテラス」自慢の優品だ。長さ20cm　2625円　9

初めての台所しごとに、ぜひ揃えたい道具たち

手肌にやわらか。
一家に一枚、蚊帳ふきん

蚊帳生地を４枚重ねにして縫い上げたふきん。張りがあるのに、風合いはあくまでしっとり。吸水性、乾きやすさとも申しぶんなし。丈夫でへたらないのは縫いかたにも工夫がある。値段の安さも魅力。33×30cm 3枚入り490円（注文は5袋から・送料別） 36

サイズ違いのパンを一式ぜんぶ

コンパクトにスタートするなら、フライパンから鍋までひとつに重ねられるセットを選ぶのも、ひとつの手。表面は、強度の高い「ティファール」のセラミックコーティング仕様。ガラスぶたつき。パン　径17.4、21.3、27.3、27.6cm　オープン価格　39

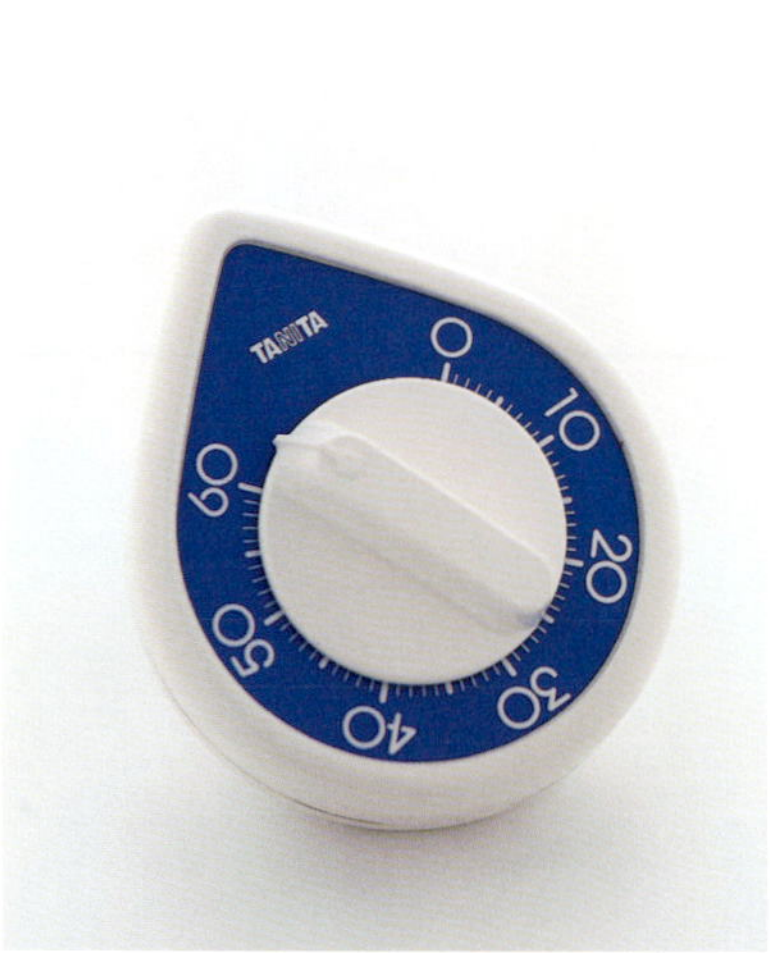

冷蔵庫でリーン！　キッチンタイマー

キッチンタイマーはシンプルなつくりのものが一番。目盛りは1分刻みで60分、セットした時間がくればリーンと鳴って教えてくれる。マグネットつきだから、冷蔵庫にもぴたりとくっつく。品番5330　長径7.4cm　2310円　37

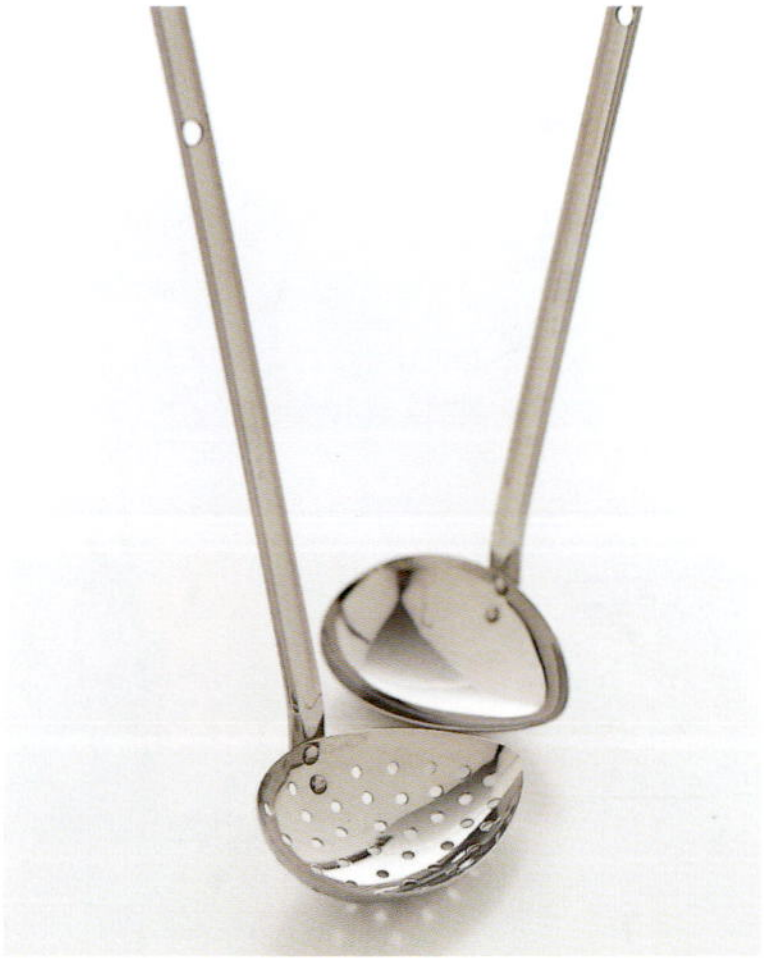

ぴたりと注げる。横口のレードル

浅めなので、少ない分量でもすくえる。小さなうつわに注ぐとき、狭くなっている横口から流れ出す設計だから、自然によそえて便利。素材だけすくい上げるときのために穴あきも揃えたい。レードル　70cc　546円、穴あき　598円　27

スタイリッシュで機能性抜群の水きりかご

目の間隔が狭いので皿が立てやすく、箸やカトラリー用のポケット（別売4200円）も便利。受け皿は自然に水切りできるよう傾斜がついている設計。ステンレス製。水切りかご大　42.8×30.8×15.3cm　7350円、水切りトレイ大　37.5×42cm　5250円　38

いつでも手軽においしい水を

カートリッジで浄化する「ブリタ」の浄水器は信頼の使い心地。最新作「ナヴェリア」は冷蔵庫のポケットにおさまりやすいよう本体に角度をつけたもの。シンプルでシャープなデザインは食卓でもさまになる。ナヴェリア　21.5×11.5×27.7cm　4200円　41

湯せんにもかけられる計量カップ

外と内の両側に見やすい目盛りつき。長い柄は持ちやすく、鍋の縁にかけてそのまま湯せんもできる。左右に注ぎ口がついているのも便利。機能的でむだがなく、じつに安定感のあるデザイン。ステンレス製。容量200ml　680円　40

カーブに秘密あり。鉄のアジア鍋

品質の優れた鉄のフライパンで定評のある「リバーライト」の製品。歪んだカーブと思い切った深さは、汁気のある炒め煮をするときにも非常に便利。小ぶりだから、ゆでたり炒めたり、揚げたり、ひとり分の調理にも向く。径23×20×高さ7.5cm　7770円　4

サイズ違いを揃えたいボウルざる

水気を切ったり冷ましたり、漉したり。ざるは直径の違うものを揃えておきたい。座りのいい脚つきで、ステンレスの編み目は水切れ抜群。径25cm　2191円、20cm　1572円、16cm　1096円、12cm　600円、10cm　486円　40

おいしいサラダは水切りが第一条件

食卓にも出せるガラスのボウルとスピナーざるのセット。サイズ違いのザル、ボウル、ふたとこのサラダスピナーセットをワンセットにした「オールラウンドボウルズ」フルセットもおすすめ。「チェリーテラス」の製品。収納時径23.6×高さ14cm　5250円　9

すっきり清潔、ホーロー製の角バット

素材をいったん取り分けておくだけでなく、魚や肉をマリネするときも最適。匂いも移らず酸にも強い。手札14.5×11.5cm　619円、キャビネ19×14.7cm　693円、21枚取23×18cm　819円、15枚取28×22cm　997円　現在、縁色なし　27

何枚も持ちたい素材を置く調理皿

小分けにしたり、刻んだ素材をいったん取り分けておいたり。薄手で軽い調理皿が何枚かあれば、ぐんと調理がはかどる。ステンレス製。重ねて収納でき、場所もとらない。径18cm 500円、14cm　343円、10cm　239円　40

温度が目で確認できるフライパン

熱くなるにつれ表面のマークが消えるので、料理のスタートが目で確認でき、同時に熱くなり過ぎるのを防いでくれる。6層のコーティングがほどこされ、さらに丈夫に。「ティファール」アマラルミステールフライパン　径26cm　5040円　39

だしからジュースまで小回りがきく

角形のピッチャーは冷蔵庫にすっぽり収納できて便利。だし、スープなど液体ならなんでも応用できる。容量違いで揃えておくと便利。0.5ℓ　15.7×12×8cm　787円、1.1ℓ　24.2×12×8cm　997円、2ℓ　26×14.5×8.5cm　1575円　44

鉄の中華鍋は万能選手

炒める、煮る、蒸す、揚げる、ゆでる……すべての料理をこなす鍋といえば、中華鍋をおいてほかにない。素材は鉄。高熱で一気に炒めるときは、やっぱり中華鍋にかなうものはない。「照宝」の製品は手づくり。径30cm　3465円　42

用途で使い分けたいお玉

ステンレスの深いお玉はシチューやカレーなど分量の多いもの、浅いアルミのものは味噌汁や煮もの用に。料理によって自在に使い分けよう。ステンレス製144cc　661円、アルミ製　径9cm　294円　27

厚手で丈夫。麻のキッチンクロス

さっと拭くだけで、水気をすぐに吸収する麻のキッチンクロスは台所仕事の右腕。太めの麻の繊維がたちどころに水気を吸収し、しかもあっというまに乾く。使い心地に、値段の高さも納得の一枚だ。「ヴァクスボリン社」の製品。33×33cm　1890円　43

優れた機能を持つ道具は、かたちも美しい

さっとひと掃き。いつでも食卓がすっきり

おなじ使うなら、手に持つのが楽しくなる道具を選びたい。「白木屋傳兵衛商店」の手箒は、適度な張りと密度があり、わずかな塵も逃さない。はりみは手箒の幅に合うサイズ。柿渋染めがうつくしい。手箒　長さ20.5cm　1365円、はりみ小　21×20.5cm　1050円　45

琺瑯は酸や塩分に強く、色もつかない

マリネや漬物ほか、長期保存する梅干しや味噌にも琺瑯素材が向く。清潔感のある白は冷蔵庫のなかをすっきり見せる。スクウェアWS-S　10.6×10×5.4cm　997円、レクタングル浅型WRA-S　21.2×15.1×4.9cm　1155円など各種各サイズあり　48

パンを焼いたり、野菜や餅を焙ったり

コンパクトな形が人気の焼き網。コンロの上にのせれば、こんがりきつね色のトーストが焼ける。トースター専用と野菜や魚用に分けて2枚持つのもおすすめ。セラミック付だからじわじわ火を伝え、焼き上がりも上々。小　長さ22.5、幅14.5cm　3360円　46

短時間で、豆も肉も玄米もやわらかく

短い時間でシチューや煮ものを仕上げる、玄米を炊く……やっぱり圧力鍋が早い。簡単に開閉できるよう工夫された「ティファール」クリプソスペリオール圧力鍋。高圧・低圧が選べる。4.5ℓ4合サイズ　36×25×高さ22cm　30450円　39

尻もれなし。ぴたっと注げる醤油差し

シンプルで機能的な食まわりの製品で定評のある「白山陶器」の醤油差し。食卓に置く醤油差しはコンパクトで目立たず、手入れが楽なものがいい。それらの条件を満たすのがこれ。キレもよく、おとなにもこどもにも持ちやすい。G型　9.5×9.5cm　1155円　47

キレのよさは抜群!　片口ボウル

ドレッシングやたれを混ぜてそのまま注ぐ、卵を溶いて鍋に注ぐ……応用範囲の広い片口ボウル。ステンレス製。鍋もののとき食卓に出しても違和感のない美しいフォルムも魅力。大　直径16cm　4305円、中 15cm　3885円、小　13cm　3465円 27

使うほど風合いを深める鉄瓶

盛岡「釜定工房」の鉄瓶は佇まいの美しさ、道具としての機能性が際立つ。南部鉄瓶伝統の技法「焼抜き」をほどこしているため錆をよばず、金気を生じない。外側は本漆を使った深みのある黒。長く使うほど鉄肌に光沢がそなわる。径20.5　高さ21cm　27300円 49

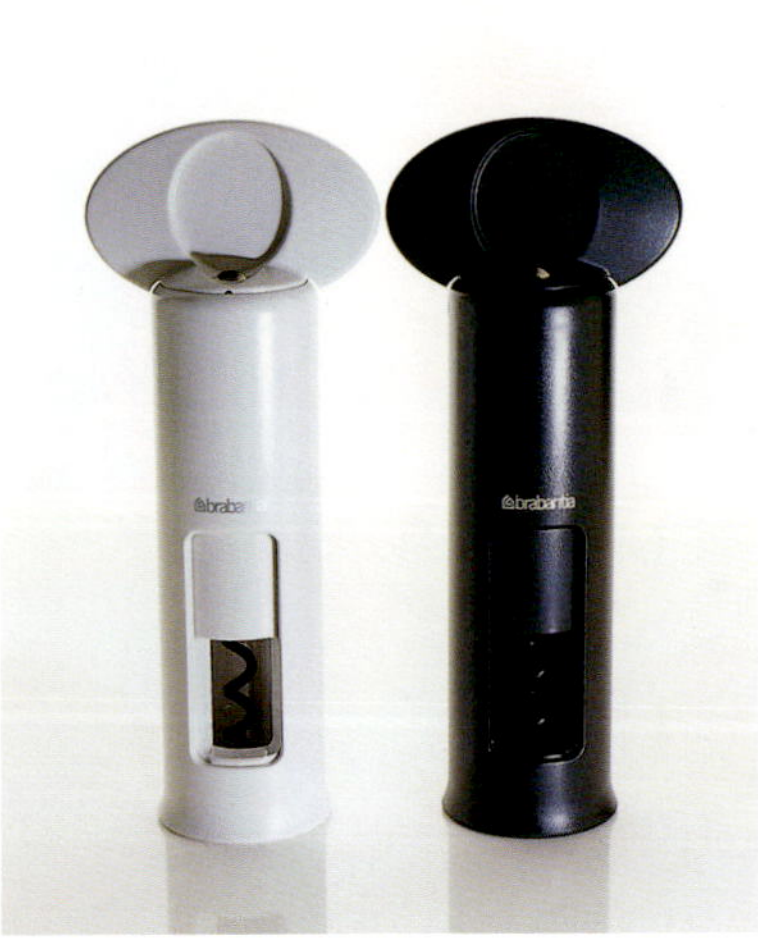

絶対失敗しないワインオープナー

驚きの使い心地をいったん知ると、もう手放せない。「ブラバンシア」のオープナーは、取っ手を回転させるだけでスクリューが中心へ自然に内側に入っていき、そのまま最後までスムーズに抜き切ることができる。白と黒の２色。高さ17cm　2352円 43

鍋にアジャストする落としぶた

羽が組み合わせてあり、自在にずらして直径の大きさを変えられる。これ1枚あれば、いろんな鍋の直径に自在に合わせられて、じつに合理的。直径は14cmから最大23cmまでのばすことができる。ステンレス製だから適度な重みがあり、洗いやすい。890円 40

じっくり土鍋でポトフを煮こむ

「ポトフ鍋」と名づけられた伊賀「土楽窯」の煮こみ用土鍋。キャベツまるごと1個、丸鶏1羽、すっぽり入る。ことことじっくり煮たら、そのまま食卓へ。すがたのいい土鍋を眺めながら味わう料理のおいしさは、格別だ。7寸　径23、高さ21cm　10500円　52

近所の買い物に縄手編のかご

い草をしっかりと縄状に編み上げた買い物かごは、惜しげなく使えて丈夫で長持ち。汚れにも強くてたのもしい。買い物かごは、瓶缶ものや米など重いものにもゆうゆうと対応できるものをひとつ持っておきたい。約34×11×高さ29cm　4725円　50

食卓がすっきり。カセットコンロ

コンロの風情は食卓の印象を左右するから、デザインにも気を配りたい。すっきりシンプルなイワタニの2種、黒が基調の「雅」は土鍋にも合う。奥：カセットフー 雅　35×29.3×9.1cm　10500円、手前：カセットフー アモルフォ2N　35×30×10cm　21000円　53

樹脂加工した清潔感のあるオイルポット

オイルポット（油こし器）は、とかく汚れがつきがち。樹脂加工のものなら匂いもつきにくく、油汚れもさっと拭くだけできれいに掃除できる。容量があるので、天ぷら油の保存や処理にも便利。容量1.5ℓ　2100円　51

小さな「お助けグッズ」は、あればだんぜん重宝する

煎りたての香ばしさが味わいを変える

陶器のなかにごまを入れ、取っ手を持ってまんべんなく火が伝わるよう、ときどき左右に振るとよい。香りが立ったら取っ手を下に傾け、穴から出す合理的な構造。茶葉を煎って焙じ茶にするときも応用できる。伊賀「土楽窯」の製品。長さ19cm 2100円 52

ごしごし洗える亀の子束子

伝統の和の日用品は、使ってわかるたのもしさ。1号（小）長さ10.5cm　294円、パームチビッコN　長さ7.5cm　315円、シマシマミニN　長さ10cm　336円、ホワイトロング　長さ14cm　420円、せいろ洗い　長さ13.5cm　2100円　45

青菜が色鮮やかに、野菜色だし銅板

築地場外の調理道具店で、プロに人気の小道具。青菜をゆでるとき、これを1枚いれてゆでると、ぐんと色鮮やかに仕上がるという寸法。プロの隠し技は、家庭でもどんどんまねしたい。（株）タマハシ製　長さ7.5cm　210円　27

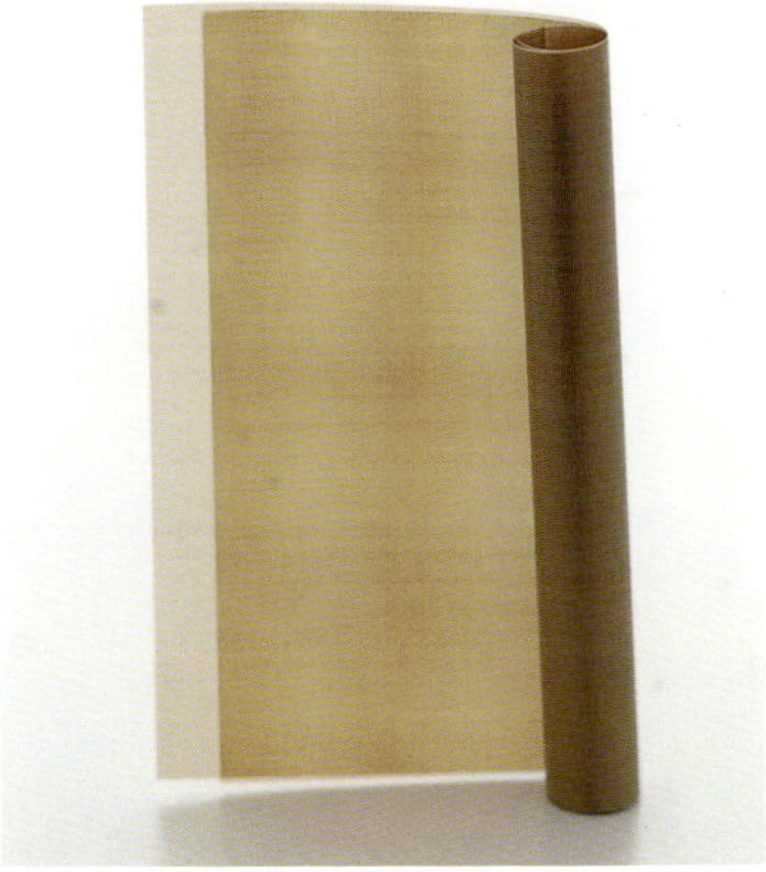

何度でも使える、洗えるオーブンシート

ガラス繊維にテフロン加工をほどこしてあるため、油を塗らなくても素材がくっつかない。焦げや汚れもこびりつかず、オーブン料理の必需品だ。洗って繰り返し使えるのもむだがなく、重宝。お菓子づくりにも欠かせない。30×24cm　2枚組1191円　40

銀製品が一瞬でぴかぴか

銀のカトラリーや食器、容器は、空気に触れると酸化して曇る。最初はきれいだったのに、だんだん薄汚れていくと出番も少なくなる。だから、一家に1枚欲しいのが銀磨きクロス。生活まわりのものにも活用できる。12.5×19.5cm　2枚入り525円（参考価格）54

手軽で清潔。ディスペンサー

ケチャップやマスタードはもちろん、ドレッシング入れなど自在に応用できる。使用頻度の多い調味料はあらかじめ容器に入れ替えておけば、食卓にもそのまま出せるし、むだがない。ディスペンサーは冷蔵庫の整理も兼ねてくれる。170ml　210円　14

成形したり、縛ったり、結んだり

煮豚をつくったり、ローストビーフを焼いたり、香草をまとめて縛ったりするときにも。たこ糸はきっちり縛れるから、途中でゆるんだり型崩れもしない。惜しげなく使いたいので、糸巻きごとまとめて購入しておきたい。682円　27

スクレーパーでささっと素材を集める

ひと掃きで、みじん切りにした玉ねぎやねぎも気持ちよいほどさっと集められる。適度なしなり具合も絶妙。台所仕事がはかどる奥の手として活用したい。シリコンゴム製。長さ10cm　346円　55

あっというまに匂い消し

魚やにんにくなど強い匂いを消してくれる仏製スチールソープ〝デオス〟があれば、石けん自体の匂いが手につくことがない。原理は、匂いの分子の持つ電子がステンレスと水と連結すると、ステンレスに奪われて水に洗い流されるから。長さ9.3cm　1890円　33

ムラなく塗れる馬の毛の刷毛

焼きおにぎりやとうもろこしに醤油を塗るとき、お菓子に卵黄を塗って照りを出すとき……1本あると、だんぜん便利。手早く、ムラなく塗れる。油用、醤油用と何本か揃えておくといい。コシの強い馬の毛製。柄はマツ材。刷毛幅3.2cm　903円　27

がんこな汚れも一発！　激落ちくん

しつこい油汚れから色じみ、傷のなかに入った黒ずみ、かびまで、がんこな汚れはなんでもござれ。きゅきゅっとこすれば、特殊樹脂がたちまちぴかぴかにしてくれる。「激落ちくん」7.5×12×3.2cm　399円ほか、さまざまなサイズがある　55

さあ熱々ができました！
そのまま食卓へ直行。

島根「湯町窯」福間琇士さんのエッグベーカー。卵を割り入れて直火にかけ、ふっくら火が通ったらそのまま食卓へ。小さな道具だけれど、豊かな気持ちを運んできてくれる。ソーサーつき。径8cm（小）2310円、径10cm（大）2835円　56

目からウロコ！　道具使いの奥の手

茶事など出張して懐石料理を手がける際、後藤氏が編み出した炭火で魚を焼くワザ。網の上で炭をおこし、空き缶のなかに入れてから、串を打った魚を上にのせる。尻尾は缶の外に出しておくと焦げる心配もない。空き缶は塗料の塗っていないものを選び、周囲に空気穴を開ける。事前に火にかけて焼き、缶の匂いをあらかじめ除去すること。

「辻留」を振り出しに、現在は懐石「龍雲庵」主人として包丁をふるう後藤紘一良氏が言う。

「確かにいい道具を使うことは大切ですが、これがなくてはこの料理はつくれない、と、道具に頼りすぎてはいけない」

たとえば土鍋で、野菜の煮ものや味噌汁だってつくれる。すり鉢ひとつで、潰《つぶ》したり和えたりもできる。空き缶を応用すれば家庭でも簡単に炭火が使える……その自由な発想には目からウロコが落ちる。〝道具は頭と手で使いこなすべきもの〟。名料理人の年季から発せられた覚えておきたい言葉である。

右：土鍋は鍋ものだけに限らず、ごはんを炊く道具としても応用したい。熱の伝わり方が一定で、ふっくら炊けるうえ、食卓にのせたときの風情もいい。後藤氏は鯛飯や炊き込みごはん、雑炊などにも使っている。土鍋で炊くときは水分が早めに蒸発するので、普通より1〜2割多く水加減をすること。いったん沸騰したら少し火を弱め、蒸らしにかかるとよい。　左：菜箸や盛りつけ箸は、自分の手に合う長さのものを。焦げたり汚れてきたら、随時削って大事に使うプロの心得を見習いたい。

道具の使い方には理由がある

「本来ならば、包丁一本とまな板一枚あればなんでもつくれる、という心構えをしています」

後藤氏の言葉を物語るかのように、「龍雲庵」の板場は実に整然としている。

道具類は、いつも美しく磨き上げておくのが調理の基本。だから、鍋の材質は熱伝導が優れているうえ、磨けば汚れがすぐ落ちるアルミ。磨き砂入りのクレンザーを使うと傷がつきやすいので、タワシでごしごしこする。ステンレスはいったん焦げがつくと、磨いても落ちにくいから、あまり使っていない。油をしみこませて使う銅の卵焼き器は、上を向けて収納すると埃がつくから、キッチンペーパーを密着させ、必ず下に向けて……道具を上手に使いこなすコツは、ちゃんと筋道の通った理由を理解するのが第一歩。

台所道具と家庭を結ぶ四つの場

モノがあふれている。情報もあふれている。そのなかから自分にとって最良の道具を選び出すのは、ある意味で至難の業だ。しかし、いい手がある。まず、信頼できる出会いの場を見つけること。そこには、ピンと直感が働く出会いが待っている。ここに紹介する四つの場には、ひとつの共通項がある。それは、単なるモノとしてのよしあしを超え、台所道具を通して日本人の暮らしを考察しようとしていること。その試みを支えているのは、使い手の側に立った生活者としての揺るぎない視座にほかならない。雑誌やカタログ、料理教室、店舗。どれもが、台所道具と家庭をしっかりと結びつける役割を担っている。確かな自信と自負とともに。さまざまな場を舞台にしたユニークな活動は、わたしたちの台所に大きなエネルギーと刺激を与える。

1 クロワッサンの店

台所の本音を「かたち」にするエネルギー

ここにひとつの鍋のシリーズがある。「シャンブル・ド・クロワッサン」の美しい鍋たち。それらは、料理をするひとなら、ひと目で直感が働く使いやすさのオーラを放っているとでもいったらよいか。

下に向かって豊かにふくらんだ丸みのあるかたち。よけいなものはなにもないシンプルな構造。ふたは料理のプロセスがわかる耐熱ガラス。軽くて丈夫で汚れもつかず、熱の回りもすばやいアルミのクラッド材。サイズ違いもすべて重ねられる収納性。なにより毎日使っても全然飽きない、手にとるとき構えなくてすむ——あァこんな鍋が欲しかったぁー、と思わずつぶやきがこぼれ出る、そんな鍋である。

この鍋のシリーズは九〇年、雑誌「クロワッサン」誌上で三度行なった調査から生まれた。一万通近くの読者アンケートが寄せられ、編集部は手応えの大きさに身が引き締まった。誰もが鍋に困っている。開発に協力することになったGK道具学研究所もメーカーも、そう痛感した。

それから三年。「家庭のための理想の鍋」はようやく完成をみた。

それは、日本全国の台所の本音の集大成でもあった。それを実現させたところに、雑誌「クロワッサン」のちからと「クロワッサンの店」の魅力がある。

八二年のことだった。その割烹着《かっぽうぎ》が「クロワッサン」誌上に登場したとき、おお、と息を呑んだ。黒や紺、グレー一色の、潔《いさぎよ》いほどすっきりとした割烹着は目を見張るほど新鮮だった。デザインはイラストレーター、大橋歩《あゆみ》さん。

「当時エプロン業界では、割烹着といえばフリルや花柄、レースが当たり前。大橋さんが選んだ色はタブーとされていた色ばかりだったけれど、女性からの反響は凄かった。大評判を呼びました」

右：「クロワッサンの店」の店舗は全国に二十二店。ほとんどの商品は直接購入できるほか、雑誌での通信販売も行われている。
左：渋谷東急東横店七階の店の台所道具のコーナー。プロ仕様のアルミ鍋を一般の店舗に登場させたのは「クロワッサンの店」が初めて。家庭の台所にとっても画期的な出来事であった。

「クロワッサンの店」の商品開発を手がけたマガジンハウス事業部では、これもまたそれまでの台所に飽き足らなかった女性たちの意思表示だった、と語る。

おしきせや思いこみなら、もういらない。ピンクや花柄に抵抗があるひとだって、たくさんいる。好みや個性はみんなそれぞれ違うのだから……それは、日本の女性たちがより自然体で生きようとする胎動そのものでもあった。

東京郊外の町田市。「クロワッサンの店」は八一年十月一日、まちだ東急百貨店七階にオープンした。

誌面の開店発表ページに躍る、大きな見出し。

〝数ありゃいいってもんじゃありません。クロワッサンが納得したものじゃなきゃ店には置きません〟クロワッサンが納得したもの。それは、使い手である女性たちがほんとうに満足できるもの、使いたいもの、と同義語であった。

店で働く女性スタッフも誌上で公募した。面接に同席したのが西南東急百貨店取締役、関一義さん。

「意欲と自主性に富んでおり、自分はこう生きたい、という個性を持った女性が目立ちました。実際の働きぶりもほかの売り場にはない熱気があり、品ぞろえも雰囲気も『クロワッサンの店』に対する注目度はしだいに高くなっていった。人気、売れ行きとも確実なものになったのは八九年ごろでした」

当初、「クロワッサンの店」はある差別化されたブランド商品群として一般に認知された。そのロゴマークは、生活意識の高さを表現するステイタスとしての機能を持ち合わせていたのも事実だ。しかし、「クロワッサンの店」は流行の徒花《あだばな》には終わらなかった。

そのわけは明快である。棚に並ぶ商品には、なぜここにあるのか、ひとつひとつにきっぱりとした主張が見えた。

それは、編集部員が生活者として、みずから商品開発にとり組んだからだ。「私たちがずっと欲しかったものをつくりたい」。メーカーにとって一見わがままに思える無理難題も引っこめなかったのは、「だって使うのは私たち自身なのだから」という思い。

６０００キロの高カロリーを家庭用で初めて実現したステンレス一枚板のオリジナルガステーブル、ガスレンジで魚がおいしく焼けるように改良

を重ねた焼き網……どれも登場するたび日本中の家庭から大きな拍手が湧き起こった。「こんなものが欲しかった！」。誰もがやはり、そう口にした。「クロワッサンの店」の台所道具に集まった支持はつまり、台所のみならず、生活をいったんわたしたちの手元に引き戻す意志のうねりであった。そして、そのうねりは、女性たちが模索し続けてきた「自分らしさ」や「個性」に自信を持とうとする生き方の変革とも、確かにどこかで交差していた。

包丁から料理ばさみ、エッグメーターまで。すり鉢や馬の毛のうらごし器など、ずうっと愛用したい伝統的な和の道具。押しつけても曲がらない一体成型のフライ返しや、中華鍋の底に置いて即席せいろをつくるスチームラック。開店以来のロングセラー、一本２９４円のアクとりだってちゃんとある。

さっそうと誌面に登場して以来、三十年近く。台所道具の総数は現在約百五十点。「クロワッサンの店」の台所道具はどれもこれも、ひたすら実質一直線を貫いている。

2 ベターホーム協会

「実用本位」の眼がきらりと光る

初めて料理をしてみたい、台所にどんな道具を揃えたらいいのかわからない、と相談を持ちかけられたとしたら。私なら、ベターホーム協会が選んだ道具を、まず紹介するだろう。

そこには、年代も性別も嗜好《しこう》も超えた「基本のなかの基本」が示されている。

財団法人ベターホーム協会は一九六三年に創立（七五年に財団認可）、一貫して消費者教育や暮らしの調査研究、出版活動を幅広く行っている。全国十八ケ所の料理教室で活動の中心になっているのは、「リーダー会員」と呼ばれる七百人の女性会員たち。受講生に料理のつくり方や栄養、環境にいたるまで食生活全体に関する啓蒙・実践活動を続けており、すでに百万人以上が学んでいる。

その料理教室は、まさに台所道具の研究の実践現場である。毎日毎日、朝から夕方まで開かれる講習。そこではさまざまな年代の、さまざまな調理技術を持った、さまざまなひとびとが道具を手にする。しかし、道具は誰がいつ、どんなふうに

全国十八ケ所で料理教室が開かれており、すでに百万人の受講生が学んでいる。台所道具は料理教室の先生が中心になって開発。

使っても、きちんと機能が発揮できなければ話にならない。酷使に耐えられるだけの耐久性も必要だ。

教室ではつまり、家庭での実際の使用回数の何十倍ものテストが連日行われているのとおなじ。

一般の商品のなかからセレクトしたもの。メーカーと協力して改良を加えたもの。独自の視点で製作されたもの。それらが繰り返し使われ、検討が加えられる――ベターホーム協会の料理教室で使われ、販売されている道具ひとつひとつは、そんなふうにして得られた成果の結晶である。

穴あき木べら、一本３６０円。材質はブナ。長さ30cmのこの一本には、じつは知恵と工夫がふんだんに盛りこまれている。

まんなかに開いている丸い穴は、ヘラにかかる抵抗をほどよく逃がすため。持ち手が長いのは、深い鍋にも使えるように。さらに柄の角が細くて丸いのは、長時間握っても疲れないように。左右の角度が微妙に違うのは、いろんな鍋に合うように。

まだある。魚のうろこ取り、４７０円。ステンレス製、長さ19cm。持ち手に角度をつける工夫は、日々の料理教室で使われるなかで生まれたものだ。

たったこれだけで、がぜん作業がラクになる。魚の骨抜きは湾曲する部分を薄くして、むだな力がいらないようメーカーに依頼して製作した。もちろん先端も、ぴたりと合う。なんでもない道具が、いやなんでもないからこそ驚くほど使いやすい。

台所ではそれが一番大事でしょう？　すべての道具にそんな主張が流れている。

「これ、というものだけつくってきたので、モデルチェンジしたものはあまりないんです。重要だと考えているのは、安全性、耐久性、安さ、手入れの簡便さ。でも、機能一点張りすぎる面もあるかもしれません。よくいえばベーシックだけれど、地味でデザイン性に欠ける面もあって……」

と、商品開発の中心である事業部の常岡修一郎さん。ただ、時代の流れに寄り添った変化もある。二十年近く料理教室の講師や商品開発に携わるリーダー会員の荒木和子さんは、

「道具がだんだんコンパクトになっています。以前は四〜五人に想定していた家族の人数は、今は二〜三人。主流の鍋は直径24cmだったのが、現在では21cmに。野菜の水切り器も直径を小さくしました。ザルやボウルも小型化しています」

とはいうものの、まな板の大きいサイズは昔ながらの40cm×30cm。厚みは3cm。今の台所には、ちょっと幅広で大きめだけれど、そのほうが作業はしやすい。ある程度の重みがなければ動いてしまうから。

試行錯誤はずっと続いている。

わたしたちは、どんなふうに道具とつきあっていけばよいのだろうか。あるリーダー会員の言葉は、今後の台所のあり方を考えるうえで、じつに示唆に富んでいる。

「たとえ一生使えると思って選んだ道具でも、生活環境や家族構成によって使い勝手のよさは変化していくものです。自分の体力や能力に合わせて頭を切り替え、それに応じて道具を変えていくのも、じつはとても大切なことなんです」

さらにほかのリーダー会員も口を揃えた。

「齢を重ねてくると、しだいに注意力が散漫になり、嗅覚も衰えていく。そうすると、なかが見える透明の鍋や滑らないお盆が安全で便利になったり、つまり機能よりも安全性を優先させたほうがいいときもあるのです」

年齢に従って、好きな味や食べものの嗜好もだんだん変わっていく。自分自身の変化に向き合い、それに敏感に対応していくこともまた、台所道具

料理教室で毎日繰り返し使いながら、機能性や耐久性が試される。さらに、教室の講師たちによって道具の開発や意見交換もひんぱんに行われており、既存の道具にも新たに改良を加える。

の上手な使い方の奥義なのだ。

3 松屋銀座デザインコレクション
日本の台所を変革したグッドデザイン

すっきりとシンプルなフォルム。目的をきちんと果たす確かな機能。いつまでも飽きのこない色とかたち——そこには、「デザインとはなんだろう」という問いに対する答えが用意されている。

インダストリアルデザイナー、柳宗理《やなぎむねみち》デザインのステンレスのボウルや片手鍋、むだのない簡素なかたちのキッチンスケールやタイマー、スタイリッシュな包丁やナイフ……優れたデザイン性を持つ台所道具が、整然と並んでいる。この売り場はインテリアデザイナー、内田繁さんが設計を手がけた。

台所のみならず日本人の暮らしに大きな革命をもたらした、画期的な場。それが松屋銀座デザインコレクションである。

それは一九五三年の春、一本の電話から始まった。デザインのオリンピックとも称されるイタリアのミラノ・トリエンナーレ第十回展へ、外務省を

七階の売り場は、いわば松屋銀座の顔。台所道具からステーショナリーまでさまざまなグッドデザイン商品が並ぶ。

通じて日本へ公式参加の要請があった。この招聘の受け入れ団体を結成するべく、産業工芸試験場・意匠部長（当時）、故・剣持勇さんが評論家、故・勝見勝さんに連絡を取り、協力を仰ぐ。そして、グラフィックデザイナー、故・亀倉雄策、画家、故・岡本太郎、建築家、故・丹下健三ほか各方面でデザインに携わる各氏が参加を表明、国際デザインコミッティー（以下、コミッティーと略。現在、日本デザインコミッティー）が発足することとなった。

その二年後。優れたデザイン性を持つ台所用品を集めたイベントが、期せずして松屋銀座で開催され、大きな反響を呼ぶ。手応えを感じた松屋は、コミッティーの協力を得て、それらの商品を集めた小さなコーナー「グッドデザインコーナー」を誕生させたのだった。

太陽族が街を闊歩し、ソニーのトランジスタラジオが発売され、空前といわれた神武景気の兆しが現れる一九五五年。七階エスカレーター脇につくられたささやかな棚が、日本の暮らしの新たな扉を開くことになった。

それから五十数年。各分野から集まったデザイナーのメンバーが定例会議で選定した商品を七階

の売り場に置く当初のシステムは、現在でも変わっていない。松屋とコミッティーの橋渡しを務めるのが、コミッティー事務局長、土田真理子さんだ。

「いいデザインを積極的に暮らしに取り入れ、日本人の生活の質を向上させたいというデザイナーの意思と、モノを売る百貨店としての販売の方向性が合致して、現在につながっています」

　暮らしのなかの、いいデザイン。それは装飾性や意匠、図案にとどまらず、時代や社会の要求に呼応し、道具としての優れた機能を備えているものだ。同時に、そんな道具は暮らしを豊かに、楽しくしてくれる。

　一九五〇年、ニューヨーク近代美術館のE・カウフマンによって始められたグッドデザイン運動は、東京のどまんなか、松屋銀座という場を得て日本に引き継がれていく。松屋は、商品というかたちに託して、デザインが暮らしに与える意味をわかりやすく、しかも具体的に伝え続けてきた。

「その意味では、デザインコレクションはメセナとしての役割をも果たしてきたと思います」

　かつて売り場担当者として販売活動に関わった、A・D・O（全日本デパートメントストアーズ開発機構）総務担当部長、中川功さんは述懐する。

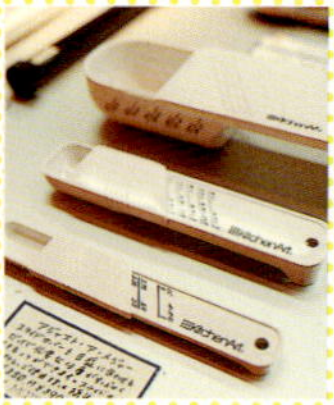

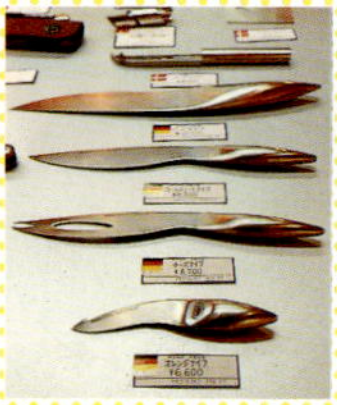

台所道具ほかステーショナリーやテーブルウェアなど、すべて選定委員を務めるデザイナーによって厳選されたものばかり。長年七階のこの売り場に通い続けてきた固定ファンも多い。

「ただし百貨店はモノを売る場ですから、売り場面積に対する売上げ高が第一義。しかし松屋は、デザインコレクションの売り場には、この鉄則を当てはめなかった。しかも百貨店としての基本コンセプトにデザインを据えた。もちろん多くの論議もありましたが、しかし日本人の生活にとってデザインが大きな可能性を持つと、どこかで認めていたからだといえます」

　ほんとうに優れたデザインは、不思議なことに時代を超えてもいっこうに輝きを失わない。わたしたちの台所でも、また。一九五五年に小さな一歩を踏み出した松屋銀座の活動は半世紀をかけて、そう伝え続けてきた。

4 カタログハウス「通販生活」

優れた商品情報をカタログで〝買う〟

「本当によいものはそんなにない。」

「通販生活」特別編集「ピカイチ事典」の表紙に、大きくこうあった。うまいコピーである。ない、とはっきり断言されるほど、このカタログのなかに本当によいものがちゃんとある、といっそう信頼感が募る。そして、その期待に応えるだけのモノがちゃんと用意されている。

カタログハウスが有料月刊カタログ「通販生活」を創刊したのは一九八二年。オリジナリティを感じさせる商品選びに人気は高まり、わずか六年後には破竹の勢いで百万部を突破。そもそもカタログは、いながらにして商品が買えるもうひとつの消費手段の媒体である。しかし、玉石混淆の商品を数だけ並べる多くのカタログに較べ、「通販生活」や「ピカイチ事典」には決定的な違いがあった。

九八〜九九年「ピカイチ事典」に掲載された台所道具の売り上げベスト7は①万能ザル②クリステル社の鍋③正広の包丁④油こしつき天ぷら鍋⑤Vスライサー⑥業務用ボウル⑦ウェンガースライサー。どれも、一見地味で目立ちにくい商品ばかりだが、カタログには微に入り細にわたり性能のよさがくわしく書いてある。

「知りたいことが書いてある。ほかの道具との違いを明確に説明する。それも、返品システムがあるのに返品率が少ない理由のひとつになっています」

東京・新橋にはカタログで扱っている商品を置くショップもあり、なかなかの人気。足を運べば、じかに自分の目で見て確かめてから購入することもできる。

と、編集部の國田《くにた》由佳さん。編集部では商品開発の段階からメーカーと共同作業を行うことも少なくない。製品づくりに関わる姿勢の一端は、メーカーに義務づけている調査書にも表われている。

「使用樹脂に含まれている可塑剤《かそざい》、酸化防止剤、顔料、抗菌剤等を記入してください」「廃棄方法と廃棄時の注意を記入してください」「修理ができる場合の修理先と部品保有年数を記入してください」……やみくもな消費へのアンチテーゼと地球環境への取り組みが読み取れる。それは、カタログの枠組みを超えようとする新しい「運動」だ。

カタログハウスの会社概要に、こんな文章がある。

「多品目より少品目。一人一人の消費者の微妙な好みの差異にはこたえられんかわりに、商品の本質的な価値をよう吟味して、『私が消費者ならこれを選ぶ』と思える一機種を推せんするんじゃ。（中略）『あなたにかわってこれを選んであげたぞ、その理由はかくかくしかじかだ』ちゅうメッセージを編集するんが小社のカタログぞなもし」

率直さ、正直さがぐいと心をつかむ。無機質だったはずのカタログに、だから気を引かれる。

III

わたしの愛用道具たち

もうべこべこにへこんでしまって、
何度も捨てよう、買い替えようと迷ったけれど、
そのたんびに思い直して何年も使い続けている。
そういう台所道具が、どこのうちにもふたつやみっつ、必ずあるものだ。
日々の営みをともに重ねてきた台所道具には、
使い手の息遣《いきづか》いが感じられる。長年使いこんでいけば、
傷や汚れにさえ愛着が湧き、へこみやゆがみも手に馴染んでいく。
洗ったり、拭いたり、握ったり、火にかけたり。使い続けるうち、
多少の欠点さえ強引に手なずけてしまうことだって、ある。
そんな台所道具は、使い手に寄り添うことで生まれる
じつによい表情をしており、つまりひとつひとつは
もはや手放すことのできない暮らしのパートナーにほかならない。
大事に使いこまれたさまざまな
愛おしい道具たちが描き出す、日本の暮らし。

古い家屋のなかに息づく
日本の台所のすがた

築百五十年ほどの農家のたたずまいをそのまま生かして住む、四十代の夫婦。土間の片隅には人工石でできた昔なつかしい小さな洗い場がある（4・5）。土間から上がると、そこは板張りの台所。コンロにのせて使うアメリカ製のアンティークのオーヴンや、磨きこまれたアルミの三段重ね式の機能的な鍋があたたかさを醸しだす（1・2）。毎日使っている鉄のフライパンとアルミの両手鍋は、まさにこの家の宝物（3）。もう四十数年前のこと、北海道の実家の父が結婚したとき、家の風習により、新所帯のために自分で台所道具を揃えて持参したもの。それを譲り受け、大切に愛用している。

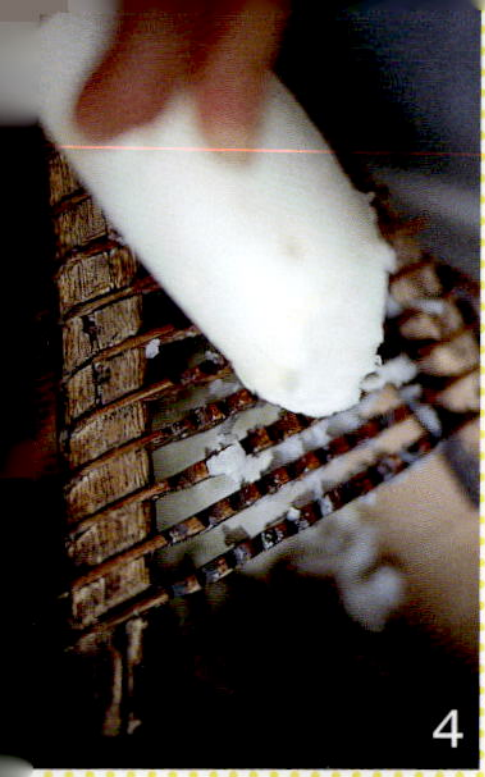

専業農家の台所に
竈の神、荒神様

埼玉県加須市の専業農家の台所には、自然の営みとともにある暮らしぶりがかいま見える。ごまをするときには、いつものすり鉢とすりこぎが欠かせない。「夏は冷麦や冷やしうどんをよくつくるの。ごまだれをつくるときは、必ずこのすり鉢です」。硬いミズの木（地元での呼び名）でつくった手製のすりこぎ（1）は、すでに祖母の代から半世紀以上も使われ続けてきたもの。木肌はすっかり手になじんですべすべになり、光沢が備わって年季を感じさせる。山椒のすりこぎ（2）も、お玉やフライ返し、おろし金などとともに日常使いの台所道具のひとつ。小さな道具は、すぐ手にとれるように、こうしてシンクの脇にぶら下げている。このあたりの地域では、やかんや鍋を祝いの記念品として近所に配ることも多く、アルマイトのやかんのふたには記念行事の際の文字が記されている（5）。

「おじいちゃんが近くの木を切ってきて、自分で竹の歯を削ってつくったの」。もう二十年くらい使い続けている手づくりの鬼おろし（だいこんおろし・3・4）は、からみ餅をつくるときに必ず登場。「なにかといえば、誰かが必ずこれを出してくるわね」。歯が粗いからざくざくおろせるため、水分をたっぷり含んだみずみずしいだいこんおろしができあがる。だからだいこんおろしはいつも、皮つきのまま。「竹の歯さえ入れ替えれば、ずうっと長く使えるわ」

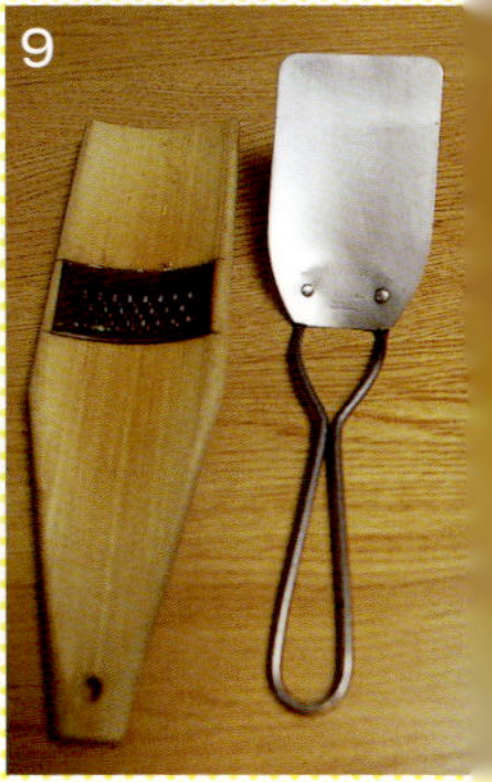

吟味したものだけ 少しずつ持ちたい

すっきりと、しかし実用性にあふれた台所のたたずまいは、そのまま暮らしのスタイルを雄弁に物語っている。子どもは小・中学生と一歳の三人。なにかと台所しごとに費やす時間は多くなる。だからこそ道具は使いやすいものにこだわりたい。ボウルはしっかりつかめる幅広い縁のもの（6）、鍋は応用範囲の広い雪平鍋（7）、じっくり時間をかけて火を通したい煮ものには、独身時代に買った通称「はかせ鍋」（10）。火からおろして置いておくだけで、じわじわ熱が通ってこっくりした味になるから……そんなふうに自分のつくる料理に合う道具がきちんと厳選されている（8）。「いつか使うかもしれないけれどいま使わない道具は持たない」――それは住まい方の思想でもある。

　からりと揚げたいてんぷらは温度が命だから、温度計は大事な道具（11）。夏になると毎日沸かす麦茶は、そのまま冷蔵庫にしまえる四角いやかんで（12）。水切れのいい昔ながらのザルは、容量がたっぷり（13）、ヘラのつけ根がベコベコしていて使いやすいフライ返しや、竹製のおろし金の手触りも気に入っている（9）……それぞれの台所道具に、きちんと明解な「わが家の存在理由」がある。

4

3

5

1

マンション暮らしに
和の道具を生かす

　現代的なマンションに住む七十代夫婦の暮らしにも、まごうかたなき日本の台所ならではの姿がある。かつおぶしは必ず削り器でかくのが習慣。数日分をまとめて削り、専用の瓶に保存しておく（1）。ごまをするときは、母の代から六十年ほど愛用され続けてきた山椒のすりこぎで。もう何センチも減って短くなった（4・5）。アルマイトの鍋もすでに四十年選手。青菜をゆでたり煮ものを煮たり、浅いものは魚の煮つけ用に。いちばん大きな鍋は、湯沸器がなかった昔、これで湯を沸かして水を足しながら洗いものに使ったりもした。ことさらアルマイトの鍋にこだわったわけではないけれど、壊れない限り、大事に手入れをして使い続けてきた（3）。

　羽釜の台の四角い箱は、お釜をそのまま居間に運んでこられるように、何十年も前に特別につくらせたもの。羽の部分が四辺にひっかかり、熱い底が下につかない工夫の集大成。家族の人数も減った今、羽釜を使う機会もないが大事にちゃんと保管してある（2）。

2

四十年間、毎日毎日
使いこんだ竹のしゃもじ

6

もう決して手放せない。四十年間、毎日使い続けてきた竹のしゃもじは、すっと握れば手の一部のように掌におさまる（6）。こびりついたごはんをしっかりこそげ取るうち、しゃもじの片側が少しずつ削れて面積は三分の一ほど減って小さくなった。持ち主である七十代主婦は「それでもやっぱり、このしゃもじでなければ居心地が悪くて」と言う。同じくらいの年月にわたって研ぎ続けて使っている包丁（7）も大切な相棒。

7

台所道具も目で見て
楽しみたいから

キッチンばさみ、チーズおろし、トング……個性的なかたちをしたお気に入りの道具は、台所の壁にディスプレイしている（9・10）。結婚三年めの若い夫婦の台所。自分で見つけてきた木の棒にフックをつけ、お玉の柄にはひっかけるための止め具もつけた。台所に明るく楽しい空気が流れている。ボウルやザルもひとつずつ吟味して買い揃えてきたもの（8）。いろんな材質の、それぞれのよさを楽しみながら自在に使いこなしている。

9

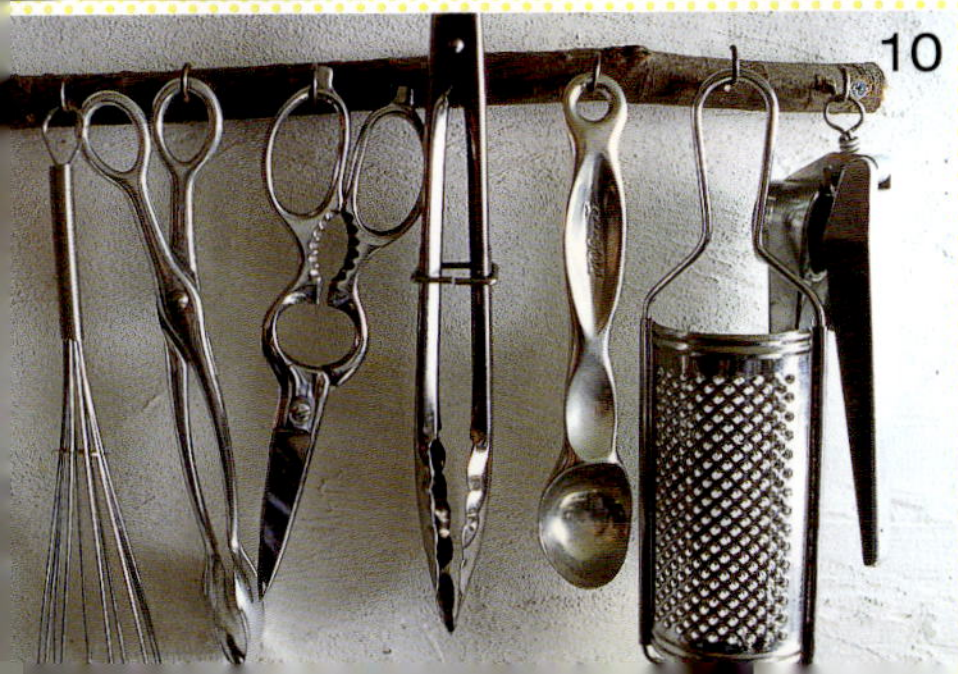
10

8

職人のこだわりが 随所に光る和の道具

創業慶応二年、老舗の寿司店で使われている銅製卵焼き器（1）は、専門の職人による作。今では手前のように、熱が直接持ち手に伝わりにくい柄のつけ方ができる職人はいなくなった。また、内側の隅には箸を差し入れやすいように微妙な凹部がつくられている。面積が広い銅のおろし金（2）も、長年の必需品。さすが目立て職人の手しごと、驚くほど素早く、確実におろせる。香りのよさと繊細な食感はひときわ。これぞ道具の勝利。

1

2

亡き父から教わった裏わざ！ お玉一本で味噌汁づくり

3

4

5

山登りが好きだった父直伝の、お玉使いのワザ。お玉に熱湯を沸かして味噌を溶き、刻みねぎを加える。これでちょうどお椀一杯分(4・5)。独身時代、風邪をひいて寝こんでいたときに突然思い出してつくった。他界した父の思い出が、なつかしい味に重なる。結婚三年め、三十代夫婦のふたり暮らし。業務用のアルミ鍋と中華鍋が台所道具の基本(3・6)。

6

文化鍋が炊きたてのおいしさを教えてくれた

7

8

三年前から文化鍋を使い始めた(7)。結婚十一年め、三十代半ばの会社員。炊きたてを大事にしたいから、炊き上がりの時間とおかずのでき上がる時間がちゃんと合うように計算して台所に立つようになった。炊きこみごはんをつくるときは、火加減を意識してお焦げをつくる。冷めたごはんのおいしさも、新たに知ったことのひとつ。愛用品の代表格(8)は、湯煎にかけられる手つきの計量カップ、ほんの少し揚げものをつくるとき油が少量ですむ小鍋、安くて軽いアク取り、十数年使っているアルミのお玉など。忙しい毎日のなか、おいしさの工夫が随所に光る魅力的な食卓が目に浮かぶ。

築地からベトナムまで ひとつずつ

自分にとって「いい台所道具」に出会ったときは必ず「あ、これ！」と直感が働く。優れた機能を持つ道具は一切のむだがないから、姿が美しい。各国の台所を見るたび、それは世界中に共通する定理だと気づいた。築地場外で見つけたキレのいいステンレスの片口（3）。ごく浅いベトナムのお玉（1）は、料理を盛るだけでなく、豆腐やバターをすくい取るときにも便利。北京で見つけた陶器のヨーグルト瓶（2）は菜箸や調理用スプーン入れに。韓国の楕円の鉄鍋（4）は手軽に炒めものをするときに。台所では楽しさも大事にしたい。いずれも筆者の台所から。

1

3

2

4

土鍋でことこと煮る 料理が好きだから

5

6

7

10

9

昔ながらの味のある道具で料理を楽しむ

13

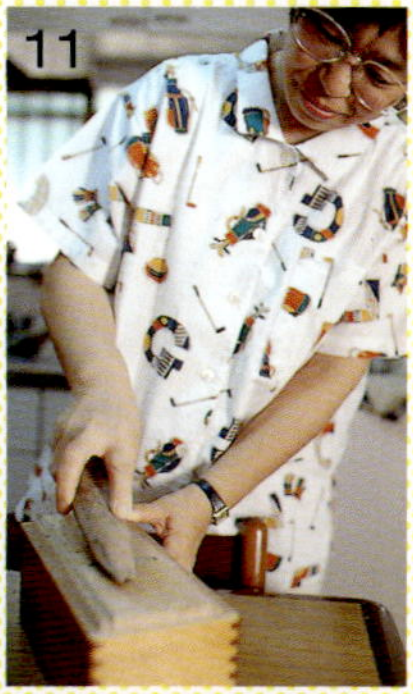

11

12

台所に置かれた古い水屋たんすの前には、かつて八百屋の軒先にぶら下がっていた竹ザル（13）。野菜入れとして使っている。台所にはあたたかさが感じられるものを置きたいから、自然に和の道具が多くなるという。水回りにも、竹の大小のザルが重なっている（9）。最近手に入れた道具のなかで一番のお気に入りは、遠赤外線の作用で加熱する土鍋風の厚手の鍋（10）。無水でほっこり火が通るさつまいもは、石焼きいも顔負けのおいしさ。七十代の母と同居。夜八時ごろ会社から帰宅するが、夕食は毎晩きちんと手づくり。かつおぶしも必ず自分で削る（11・12）。最近、味噌もつくり始めた。台所にいること、料理をすることが、楽しい気分転換にもなっている。

8

深さ18㎝、横幅30㎝。ブリキの四角い「鍋」（5）は父の手づくり。ある年の春、いつも北海道の実家から送ってくれる手摘みのフキが入って届けられた。ガス台の大きさと、フキの長さの両方を考慮してつくられた絶妙のサイズ。三十代後半、夫あり。料理が好き。食べることも大好き。寒がりなので卓上に熱々の鍋がのっかっている風景に魅かれる。それにことこと煮こむ鍋まかせの料理が好きだから、ふだんの煮ものにもしょっちゅう土鍋を使う。お粥、すね肉やスペアリブの醤油煮にも、もはや土鍋は必需品。白いホーローの小鍋はチャイ用に買ったけれど、肉を炒りつけたり、オイルでスパイスを熱したりするときにも活用している（6・7・8）。

3

1

4

2

鍋の選択基準は「ひとつで多機能」

料理はあんまり好きじゃない。だから面倒な道具は持ちたくないし、モノはできるだけ少なくしたい。花柄やむだな模様があるのも苦手。ひとつの鍋でいろんな料理に応用できるものを持ちたい……。条件を満たしたものだけ選んできた鍋の数々には、ある共通した美意識が感じられる（1〜4）。結婚十六年めの四十代主婦。「なにしろシンプルなデザインであることが重要。つまらない飾りがついていたりすると、洗うとき面倒だし汚れもとれにくいから。それに、重ねて収納するのでヘンなくびれなんかがあると困る」。使い始めて十八年めの厚手の鉄のフライパン（1）は、オムレツをつくるときに手放せない。煙がでるくらいよく熱してから使っている。

5

7

6

うどんを打つ麺棒と料理上手の夫が家宝

大事な台所道具は、と聞いたら即座に「夫！」と答えが返ってきた。共働きで忙しい三十代後半の夫婦と子ども一人の三人家族。毎日の食事のほとんどは、料理上手の夫が一手に引き受けている。その「台所道具の一員」と名誉な評価を獲得している夫は、台所道具に対する特別なこだわりはあまりなし。包丁も数本を上手に使い回している。片や妻はイベント感覚で、うどんをよく打つ（5・7）。長い麺棒は長野出身の祖母から譲り受けた百年近く使われているもの。台所のまんなかに据えられたアイランドスタイルの大きな大理石のカウンター（6）も、重要な台所道具のひとつ。

台所道具の楽しみ

鍋ひとつあれば"うち"になる

段ボール箱の山のなかから、カズちゃんは黒いマジックインクで大きく「だいどこ」と書いた箱を開け、ガムテープをべりべり剥がした。そして、新聞紙にくるんだべこべこのアルマイトの鍋を引っ張り出し、いきなり新品のコンロの上にのせた。

「だってさ、これが台所に置いてあると"うち"なんだよね。妙にほっとするのよねえ」

　そのなんの変哲もない昔ながらの鍋は、カズちゃんが建てたコンクリート打ちっ放しのモダンな家とちぐはぐで、しかしそんな訝《いぶか》しさを口にするのもはばかられて、引っ越しの手伝いに駆り出された私は下を向き、エプロンの紐をきゅっと締め直すまねをしてみたりした。

　ところが、不思議なことだった。

　二時間ばかり黙々と立ち働き、お茶を淹《い》れて休憩しようか、と湯を沸かしに台所に足を踏み入れた。そうしたらどうだろう、そこの風景だけもうすっかり、ほかでもない「カズちゃんの家」なのである。

　でんと鎮座している古ぼけた鍋の、なんという貫禄。なんという迫力。もう何十年も前からこの場所で煮炊きを繰り返してきたような堂々たる存在感に、私は思わずたじろいだ。

　それは、離婚したカズちゃんが八畳ひと間と三畳の台所のアパートで息子とふたり暮らしを始めたとき、駅前のスーパーマーケットで買い揃えたものだ。直径20cm、深さ15cm。味噌汁もカレーも肉じゃがも、二人分ならなんでもつくれそうだったしさ。だいいち、丈夫そうで一番安かったんだもん。

　こうしてずっと二十年間、このアルマイトの鍋はカズちゃんの台所の主役を張り続けてきたのである。

「だからね、こうなったらもう一生のつきあいなわけよ」

右：ひとり暮らしを始めたとき「気に入ったものだけ揃えたい」と選んだヘンケルスのキッチンばさみと包丁研ぎは、思い出深い宝もの　中：数十年愛用している鋼の菜切り包丁と三徳包丁。研ぎ続けて小さくなった。柄が取れても愛着があって捨てられない　左：都営住宅に住む三十代主婦。子育てに忙しい毎日では、離れていても中がすぐ見える耐熱ガラス製の鍋が重宝。

いい台所道具は腕を上げる

台所道具なんかなんだっていい、どれでも結局はおんなじだし、だいいち味の違いなんか、たいしてありゃあしないんだから、というひとがいる。包丁は切れればいい、鍋は水が漏れなきゃそれでいい、さあどこに不都合があるんですか、と胸をそらす。

すると、私は思う。このひとは、鍋の底を焦がして炭にしたり、切れない包丁でトマトや刺し身をぐじゃっと潰したりする情けない経験に泣いたことなんかない、たいそう幸せなひとに違いない。たまさかカズちゃんが出会いがしらにひっつかまえただけなのに、何十年もつきあいを重ねることになったような、そんな鍋釜と出会う幸運ばかりに恵まれ続けてきたのだ、きっと。

たいていは、そうはいかない。台所に立ってきた歳月をふり返ってみれば必ず、台所道具の残骸や後悔が累々《るいるい》と転がっているはずだ。日本の台所にある鍋の数は平均十個だというけれど、そのなかでいつも手に取るのはせいぜい三個か四個。となれば、残りの六個はまさに生ける屍《しかばね》にほかならず、一年使わなければたぶんこの先ずっと出番はない。そしてたとえば、ある「燃えないゴミの日」の朝。わが身のふがいのなさに胸を痛めつつ、泣く泣く一大決心を固めて、鍋はひと知れずゴミ袋のなかにつっこまれる運命をたどったりする。

それでも本日もまたくるくる稼働しなければならない台所は、混乱したまま毎日を突っ走る。

また、こんなセリフを口走る料理のプロがいる。あのねえ、しろうとが台所道具にあれこれ凝ってみたって始まらないの。なんのかんのいったって、つくるのはおかずなんだからさ。つまるところは道具じゃない、腕ですよ、腕。

それは違います。毎日毎日買い物して、朝な夕な台所に立ってせっせと料理をつくっているしろうとは、「おかずのプロ」なのだ。だからぜひとも、どうにかして使いやすい台所道具がほしいのだ。

そして、わたしたち「おかずのプロ」は、じつは誰もが気がついている。いい台所道具は、料理の腕を確実に上げてくれることを。

サワラ材の漬物樽は長野県在住、五十代主婦の愛用品。サワラは水に強く、材質が柔らかいので水分の吸収と発散に優れた効果を持つ。木自身も毎日呼吸している。樽のいつもの置き場所は、庭へ通じる風通しのいい外廊下のすみ。

適材適所が成功の秘訣

あれは、新しい布巾をまとめて買いに都心のデパートへ寄った帰りだった。フライパン売り場を通り抜けようとしたその瞬間、つぶやきが耳に飛びこんできた。

「どっちがいいのかな。鉄かテフロンか」

若い男女のカップルが、フライパンを前にさんざん思案している。

「テフロンだとね、ぜーんぜんくっつかないの。でも、なにかの拍子に剝げたりすると、もうだめ。また新しいのを買わなきゃいけなくなっちゃう。私、もう二度もだめにしちゃったし」

「そっか。じゃあ鉄がいいってわけか」

「でもねえ、鉄だとくっついちゃうことがあるみたいなの。お母さんがときどきこぼしてた。あーフライパンのご機嫌損ねて焦がしちゃった、って。それ、鉄だった」

「おいおい、どっちにすりゃいいんだよう」

鉄とフッ素樹脂加工のフライパンを交互に手に取っては、ためつすがめつ。迷いに迷ったふたりは、ついに降参してフライパン売り場をあとにした。

そして、彼らは結局、なにを買ったか。北京鍋である。あのね北京鍋は、鉄なんですけどね。

彼らが達した結論の理由は想像に余るが、しかし、その意気やよし。私は、十八歳の春、初めて自分で買った鍋が北京鍋だったことを思い出して、胸のうちでぱちぱち拍手を贈った。いやあ、じつによい選択ではある。炒めものにも揚げものにも、なんにでも使えるよ。ちゃんとから焼きさえすれば、鉄のご機嫌はいつでもいいはずだ。ゆでることも蒸すこともできる。簡単なスープだってつくれる――彼らははからずも、まずは鍋の使い回しを体得することになるであろう。めでたし、めでたし。

いっぽう、有無をいわさず鉄のフライパンをあてがわれて、とびきりおいしいオムレツが焼けるようになったひとだっている。

「この鍋が使いこなせるようになったら、一人前よ」

そう煽られつつ就職祝いに厚い鉄のオムレツパンを贈られたともだちは、よおし、と一念発起して練習に練習を重ねた。以来、

小・中学生の子どもがふたりの三十代主婦。忙しいから一度にたくさんつくれる飯台やパエリアパンが重宝している。

十八年。今では右手のこぶしでフライパンを握った左手をとんとん叩いて卵を返せば、外はふんわり柔らかく、なかはとろとろの自慢の一品が手品みたいに簡単に現れる。

つるつる美しいきつね色にこんがり焼いてみたいホットケーキは、フッ素樹脂加工のフライパンさえあれば、誰にでも簡単につくれる。どっしり重い鋳物の鍋を使って弱火で煮こめば、ポトフのすね肉はほろほろに柔らかい……適材適所に登用された台所道具は、あたかも水が上から下へ自然に流れ落ちるように、おいしい料理へと導いていってくれる。

"いい台所道具"を選ぶには?

いい台所道具とは、なんだろう。

それはとりもなおさず、おいしい料理が「より確実に」「よりむだなく合理的に」つくれる道具にほかならない。しかしながら台所では、つくり手が自分の思い通りに定規でぴしりと設計図を描くようには、ことは運ばない。

なにしろ料理をつくるときには、大きな自然のちからが働いている。

それは、水のちから。火のちから。

その助けを借り、ときには縦横無尽にあやつりながら、料理はつくられる。

さらに、料理の現場、つまり台所というものは、じつに複雑きわまりない動作が展開される場でもある。煮たり焼いたり、蒸したり、ゆでたり、揚げたり炒めたり。または、切ったり潰したり、叩いたり、すりおろしたり、絞ったり混ぜたり。

てんでばらばらの作業を担う台所道具は、だから、さまざまな目的をきちんとかなえるために的確に選ばれなくてはならない。

アルミにはアルミの持つよさを知ったうえで。どれほど品質のいいアルミの鍋でも、しゃきっと歯ごたえのいい野菜炒めをつくるなら、格段に熱の保有力に優れた鉄のフライパンにかなうはずもないのだから。鉄には鉄の、ステンレスにはステンレスの、

「より確実に」「よりむだなく合理的に」料理の腕を上げるためには、それぞれの料理に合う長所を備えた台所道具をあてがうこと。それが、すべての第一歩である。

だからこそ、自分がよくつくるのはいったいどんな料理なのか、一度じっくり考えてみるのもだいじなことだ。そして、自分の手の大きさやちから、からだつき、好みの色やデザイン、置き場所の様子や台所の広さ……ひとつひとつ条件を足していけば、しだいに的は絞られていく。

そんなふうにして選び抜いた台所道具こそ、ほかでもない、自分自身にとってほんとうに快適な「使いやすさ」のかたち。

しかし、それでもしきりに聞こえてくる声がある。

「ほんとうにほしい台所道具に、なかなか出会えない」。

モノがあふれる日本の台所

台所の本音は、台所から聞こえてくる。

日本の家庭の台所の一番の特徴は、と問われたら、私はまっさきに「モノが多いことです」と答える。

さまざまな外国の家庭の台所に足を踏み入れるほど、それは驚愕に値するべき事態だ、と実感する。北京のある家庭では、たった一個の北京鍋とわずかふたつのアルミ

の鍋がすべてだった。ニューヨークのある家庭では、五個の大小のステンレス鍋と鋳物のステーキパンがすべてだった。パリでもバンコクでもジャカルタでも、その様子にたいした違いはなかった。モノにあふれかえった、わたしたちの国の台所にくらべれば――。

この現実は、日本の台所が抱える憂鬱でもある。

「昭和四十九年ごろ、日本の台所にシステムキッチンが登場しました。それまで台所の主流だったステンレスメーカーに、家具や家電メーカーが参入してきたのです」

当時、プロダクト・デザイナーとしてシステムキッチンの設計に携わっていた文化女子大学教授、曽根眞佐子さんは言う。

「そのころ、台所道具は住宅産業を発展させるための重要な生産対象でもあったのです」

ぴかぴかのシステムキッチンを完備した、すっきり美しい台所――それは戦後初めて、わたしたちがようやく手に入れた「モダンで洒落た夢の場所」だったけれど、同時に高度経済成長を押し進める道具に過ぎなかったともいえるのではないか。

また、その「夢の場所」は簡便さや清潔さと引き換えに、それまでの日本の食の伝承をすっぱり断ち切ることにもつながったのではないか、と曽根さんは苦い思いとともに振り返る。土間や流しや揚げ板はおろか、竈や釜や昔ながらの米びつも、醤油や酒を移した片口やすり鉢も、日本の食文化を背負ってきた台所道具の数々はしだいに姿を消し始める。

そこへ、さまざまな流行の波が覆いかぶさった。

昭和四十年代にはホーローが、次いで透明なのに火にかけてもびくともしないパイレックスが、五十年代半ばには軽くて丈夫なアルミが、そして六十年代には決して錆びないステンレスが熱烈な人気を集める。汚れがつかない、割れない、軽い、錆びない……システムキッチンから始まった日本の台所の大変身は、わたしたちに素朴な驚きと感激の渦を巻き起こしたのだった。

その興奮の残骸はまだ、台所のあちこちに混乱を残して散らばったままだ。

いや、いっぽうそれはしようのないこと

子育てに忙しい三十代主婦の愛用の鍋は、丈夫で応用範囲の広いアルミの雪平鍋。味噌汁から煮ものまでなんにでも気軽に使える。今はなにしろ実用性を最優先。

なのかもしれない。だってそうでしょう。ある日は味噌汁にごはんの和食をつくり、ある日はスパゲッティをつくり、またある日は麻婆豆腐や酢豚で、グラタンで、カレーでシチューで、週末ともなればすきやきやしゃぶしゃぶ鍋を囲んだりなんかもする。これほど多彩な料理が並ぶ食卓が、いったい日本をおいてどこにあるだろうか。そして料理の種類だけ、道具の種類も数も着々と増えていく……。

わたしたちがとっかえひっかえ楽しみ尽くしている日々の料理そのものもまた、台所の混乱を引き起こしているのかもしれない。

しかし、こうも思う。その混乱は、食べることの楽しみの糸が少しばかり複雑にからまり合ってしまっているにすぎないのだ、とも。

〝食〟はすべての始まり

生涯を通じて生活者の視点で暮らしと道具の関係を考察し続けた工業デザイナー、故・秋岡芳夫さんは私にこう語った。

「生活ってなんだろう、と僕はいつも考えるのです。人間にとって、まず食はすべての始まり。食べることがあって、次に住むことが築かれ、そこからゆとりや遊びが生まれる。それが生活なのです」

「人間は五感のバランスで生きています。デザインや見た目にとらわれず、自分の手の感触やからだを尺度にして、自分自身の眼で選び直さなくてはならない。日本人は手秤《てばかり》能力が優れているんです。椀は両手の親指と中指と合わせた直径だし、文化文政時代に完成されたそば猪口は、どれも120gなんですよ」

「いろんな道具があってよいと思うのです。だってね、道具は使う喜びを与えてくれますからね」

からんだ糸を解きほぐすのは、ほかでもない、わたしたち自身である。

親友のような道具を持ちたい

熱い湯気の立つ、炊きたてのごはんのまわりにしゃもじを差しこみ、さくさくさく、とお釜の縁に添わせて円周をぐるりと描い

ていく。最初の位置にしゃもじが戻ってくると、今度はごはんをふんわりほぐす。

ごはんの炊き上がった甘い香り。火傷しそうな白い湯気。母はそこにしゃもじを入れ、必ずいつもおなじしぐさをするのだった。それを見て育てば、おなじようにしゃもじを動かさねば不思議に気持ちがおさまらない。今年八十歳になるヤエさんも、また。

「あたしたちのころはね、ひとつぶのごはんだって無駄にできなかったでしょう。だからこうやって」

ヤエさんはしゃもじを手に握り、ぐうっと力を入れて空をえぐるようにひじを動かしてみせる。

「そして最後にね、こうやってきれーいにお釜の縁にくっついてるごはんをしゃもじで掻き取るんですよ。もうひとつぶも逃がしちゃあいけないという気持ちでね」

なんというかたちだろう。その木のしゃもじの片側は、ひし形のように深く鋭くえぐれ、いびつな角度を描いている。この鋭角はつまり、ヤエさんの手のちからがつくったものだ。それは、毎日毎日ごはんをよそいながら、丹念にごはんつぶを掻き取りながら、少しずつ少しずつつくられてきた角である。

「二十年前ここのうちへお嫁に来たとき、あ、お義母さんのしゃもじ、片側がちょっと削れてるんだなあと思ったの、そのとき見たかたち、今でもよく覚えてるのよ」

四十八歳のユリコさんがなつかしい目をする。

「だって、ずうっと同じのを使っているんだもの。すっかり手になじんじゃって、使いやすいのよ。こんな古くさいものを、なにを後生大事に、と思うんだけど捨てられなくてねえ」

食べる楽しみとおなじくらい、台所に立つ楽しみを味わいたい。できることならヤエさんのしゃもじや、カズちゃんのアルミの鍋みたいな、暮らしの奥深くに沈んだ小石のように愛おしい台所道具を手にとりながら。

たとえば八十になったとき、はて、そんなかけがえのない親友のような台所道具をいくつ持っているのだろうか。

右：ある三十代主婦の一番の愛用道具は直径16cmのミニフライパン。毎日、幼稚園のお弁当づくりに欠かせない　左：たとえ一煎分でも、自分でほうじて番茶や煎茶を飲む三十代後半の女性。セラミック製で丈夫なほうろくは大切な台所道具。

◎取材にご協力くださり、快く台所道具を撮影させてくださった次の方々に心から御礼申し上げます。ありがとうございました。
相島和子、疇津真砂子、天野真由美、飯田久美子、飯塚境子、小澤香織、小林由貴子、里見美香・冨板敦、霜鳥まき子、庄野菜穂子、須貝利恵子、丹治史彦、丹治芳枝、乗松かおり、フジモトマサル、三木明美、宮木睦江、宮村田鶴子・浦野潔、森玲子、山本ふみこ
（敬称略、五十音順）

Ⅳ

上手な手入れ法を知る

道具を生かすも殺すも、手入れ次第。
どんなにいい道具を手に入れたところで、
手入れを怠ってしまえば優れた機能もだいなしだ。
長く使うためには、それぞれの道具に合った
的確な手入れ法を知っておきたい。
せっかく気に入って買い求め、使い始めた道具だ。
ずっと大切に愛用したいではないか。
道具はかならず応えてくれる。
料理の腕だってぐんと上がる！

包丁は、定期的に研いでこそ切れ味のよさが持続する

錆が出たり、汚れがこびりついたりしたときは、クレンザーで腹の部分をこすると、簡単に手入れができる。

こするときはコルク栓や大根の切れ端でもいい。力を入れすぎず一定方向に力をかけること。刃の部分はこすらない。

包丁は研いで使うもの。研がなければ、鋼でもステンレスでも、必ず切れ味は落ちていく。毎日使う包丁ならば、週一回研げば文句なし。どんなに少なくとも最低月一回は研ぐ習慣をつけたいものだ。くわしい研ぎ方は次のページを参照してほしい。

また、毎日のちょっとした手入れのよしあしでも寿命は大きく違ってくる。使ったあとは熱湯で洗って汚れや塩分、酸をよく洗い落とす。そのあと、布巾で刃全体を拭いてから湿気の少ない場所に保管する。

もしも錆が出たら、すぐさま手入れを。錆は放っておくとどんどん拡がっていく。軽い錆なら、クレンザーを使ってこすると応急処置ができる。

出番の少ない包丁は、完全に乾燥させてから全体に包丁専用の手入れ油を塗り、新聞紙などでぴっちりくるんでしまっておこう。ただし長期間使わない場合は、ときどき取り出して、研いでやることも忘れずに。それだけで持ちのよしあしに大きな差が出る。

✤包丁を自分で研いでみよう。コツをつかめば意外に簡単

砥石を水に浸す

包丁を研ぐには砥石が必需品。砥石には刃こぼれを直す荒砥、刃をつける中砥、さらに鋭い刃をつける仕上げ砥がある。家庭では、まず中砥を選ぶとよい。使う前には、しばらく水につけ、じゅうぶん吸水させておくこと。そして、砥石が動かないよう下に濡れぞうきんを敷き、平らな場所に固定する。

表側を研ぐ

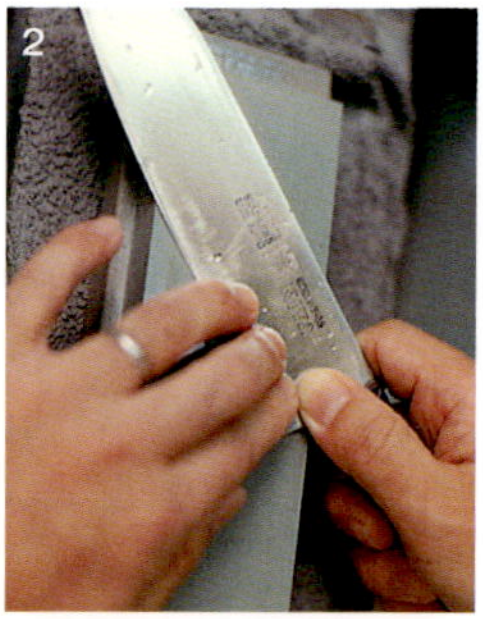

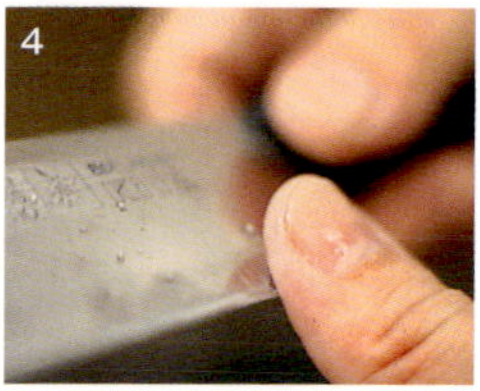

①包丁を握り、左指の三本を包丁の腹に軽く当てる。②刃先は左側に向けてぴたりと砥石に密着させ、下にコインが三～四枚入るくらいの角度に寝かせる。

③砥石全体を使いながら、切っ先→刃先→あご（柄に近い部分）へ移動させて研ぐ。④刃先にざらざらしたかえりが出たら、砥石にごく軽く押しつけて取る。

切っ先を研ぐ

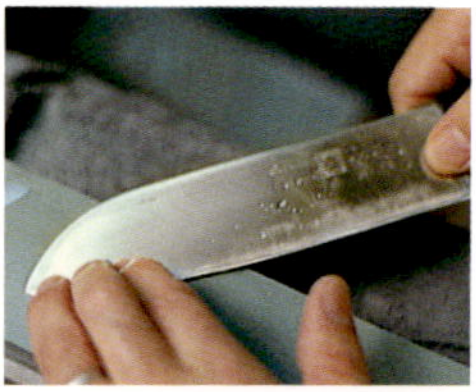

柄のほうを少し浮かせるようにして持ち上げ、まず切っ先から研ぎ始める。ときおり砥石全体に水をかけ、水分を補給するのも忘れずに。「たっぷりの研ぎ汁のなかで包丁が踊っているような感じでね」とは辨天山美家古寿司・内田正さんの名言。研ぎ汁は、包丁を研ぐうえでとても重要な役割を果たしている。

裏側を研ぐ

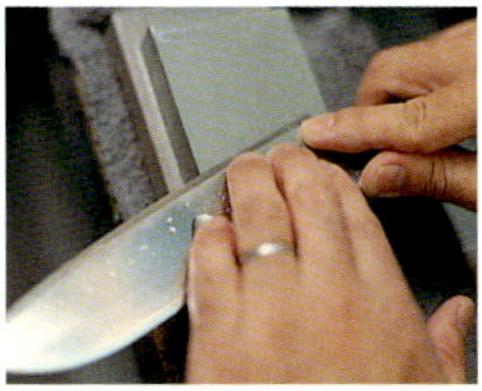
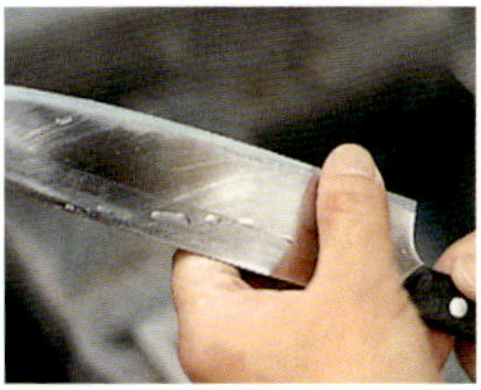

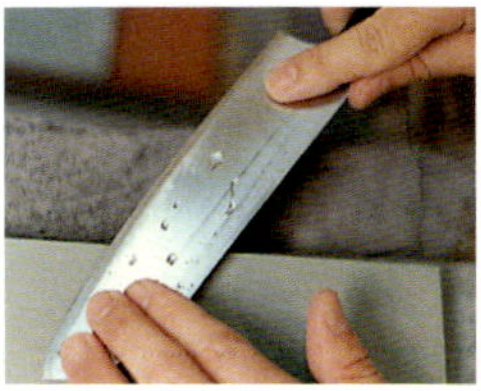

裏を研ぐときは、右手は柄のつけ根を握り、親指をみねに、ひとさし指は柄の近くに当てる。左手は腹の部分に軽く当てる。角度は、表側を研ぐときより少し寝かせ気味に。向こうに押したら、おなじくらいの力で手前に引く。かえりがでてきたら、出来上がり。写真下のように砥石に全体を当て軽く往復させる。

刃先を整える

あらかた研ぎ終えたら、最後に砥石の角または裏の木の部分を利用して刃先をごく軽く当て、力を抜きながらすーっと手前に引いておくとよい。よぶんな金属クズがきれいに取れ、なめらかな刃先に仕上げることができる。ちなみに、研ぎ目安は表十回、裏三回ほどを基準にするとよいだろう。

仕上がり

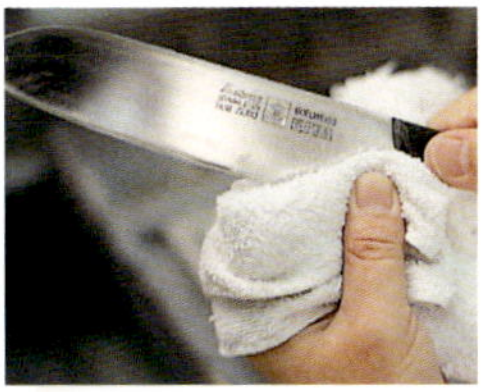

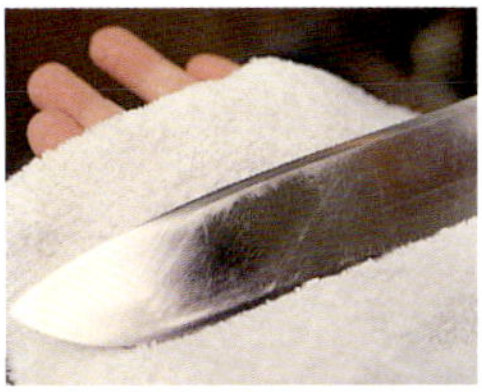

すべて終えたら、洗剤でよく洗って研ぎ汁をよく落とし、乾いた布巾で水分を拭き取っておく。磨いたばかりの包丁を最初に使うときには、事前に不要な野菜クズなどを切ってから。食品に金属臭がつくのを防ぐためである。この研ぎ方は、老舗の包丁店「木屋」で教わった方法。ひと月に一度は定期的に行いたい。

鉄のフライパンは最初のから焼きが肝心

使い始めの鉄のお玉も、こんなふうにじかに火にかざして、じゅうぶんにから焼きをしてから。火は中火から強火で（1）。
酸化防止剤が塗布してある場合は、やはり火にかけて焼き切る。煙が立つが構わず焼くと次第に煙が消え、焼き切れる（2）。
厚手の鉄のフライパンをから焼きしているところ。なにも入れず、直接コンロにかけて焼き、数分経過すると、だんだん青い色に変わり始める。全体が玉虫色に変わったら、から焼き終了。このあと油を入れて火にかけるか、野菜を炒めて油慣らしをすれば万全。毎日の手入れも、できるだけ油分を落としてしまわないよう洗剤を使わず、まだ熱いうちに湯で洗う（3）。

鉄のフライパンは使うほどに油がなじんで使いやすくなる。ただし、最初の手入れでつまずくと、あとあとまで使い勝手に響いてしまうから要注意。

防錆用のシールが貼ってある場合は、まず静かにはがしてから、クレンザーとスポンジできれいに洗う。この段階で放置すると必ず錆がでるから、すぐに乾いた布で全体を拭き取り、よく乾燥させる。

さて、いよいよ最も重要なプロセスに入ろう。フライパンをコンロの火にかけ、全体をまんべんなく熱する。すると、次第に色が変わり、玉虫色になっていく（業務用の中華鍋や黒の耐熱塗装したものは、色は変わらない）。これは、から焼きをすることで鉄の表面に酸化皮膜をつくり、空気に触れても錆がでないようにするため。

さらに、粗熱《あらねつ》がとれたら食用油を注ぎ、弱火で3～5分間加熱。油の量はフライパンの深さにもよるが、2㎝前後を目安に。そのあと油を戻し、残った油をキッチンペーパーなどでまんべんなくのばしておく。または、このとき多めの油でくず野菜を炒めてもよい。

このプロセスはフライパンだけでなく、お玉などさまざまな磨き鉄板の鉄製品に共通するのでぜひ覚えておきたい。

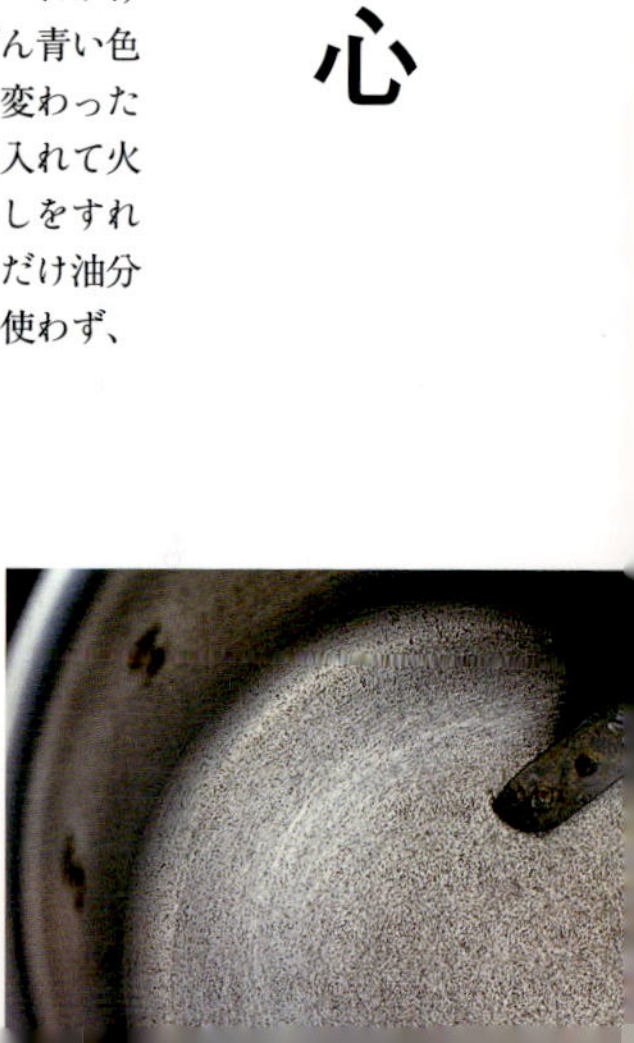

鉄に限らず金属の鍋には、料理を入れっぱなしにしないこと。このアルミの鍋のように次第に腐食が始まるケースもある。

まな板は調理の舞台。いつも清潔なまな板を使いたい

毎日まな板を酷使するプロは、きちんと定期的にカンナをかけて、こまめに手入れをする。清潔なまな板で調理すると、包丁を握る気分もすこぶるいい（1）。表面を平らに削る。まな板を求める際、削ることを考慮して厚手のものを選ぶのも手。扱いは多少面倒だが、重ければまな板が動かず、調理の効率もよい（2）。家庭では、調理を終えたら丁寧に洗い、最後に必ず熱湯を全体にかけて殺菌消毒することを習慣にしよう。木のまな板は清潔さが命だから（3）。
まな板は木の目にそってたてに置くと、水の切れがいい。専用のまな板置きを使ってもよいし、こんなふうにそれぞれの家庭の台所の都合に合わせて収納すればよい（4）。

まな板は、常に無数の包丁のキズを受けている。ただし、自然に呼吸を繰り返している木のまな板ならば、キズ口が開いて内側から乾燥する。そして、適度に水分を吸収して、再びみずからキズを修復する働きを持っている。

　こんなふうに自然の修復作用を持つ木のまな板だから、相応の手入れが必要。日ごろは使ったあとにさっと熱湯をかけ、布巾で全体を拭いてから、湿気の少ないところに立てかけて自然乾燥させる。また、ときおり風通しのいい日陰で乾燥させてやることも大切。特にマンションなど密閉された空間では、定期的に乾燥させたい（このとき直射日光に当てると、ゆがんだり反ったりする可能性があるので要注意）。

　ふだん使いの大きいまな板は、できれば気に入ったものを二枚持つことをすすめたい。ときおり休ませたり、じゅうぶんに乾燥させながら交互に使うと、ぐんと長持ちするし、なにより清潔。

　また、プラスティック製のものは、キズから内側へ汚れが入りこんでしまうことも多いので、そのぶん丁寧な手入れが必要である。

✤台所道具を上手に使い分けるための素材別手入れ法

48 **野田琺瑯（株）**
☎03-3640-5511
85・琺瑯保存容器

49 **釜定工房**
☎019-622-3911
86・鉄瓶

50 **建部商店**
☎086-422-3455
87・い縄手編手提げ

51 **（株）小田急百貨店新宿店**
☎03-5325-2524
87・油こし器

52 **（有）土楽**
☎0595-44-1012
87・ポトフ鍋／88・ごま煎り

53 **岩谷産業（株）**
☎03-5405-5615
（カートリッジガス部）
87・カセットコンロ

54 **（株）光陽社**
☎03-3805-8362
89・銀みがきクロス

55 **レック（株）**
☎03-5847-0616
（お客様コールセンター）
90・キッチンスクレーパー／91・激落ちくん

56 **湯町窯**
☎0852-62-0726
91・エッグベーカー

	長所	短所	手入れ法
アルミ	軽くて熱伝導がよく、扱いも簡便	酸やアルカリに弱く、衝撃に弱い	黒ずんだら切ったレモンを水に入れ、十数分煮てから洗剤で洗う。水に少量の酢を入れ、一昼夜置いてから洗う
鉄	熱をしっかり保有し、いったんあたたまると、冷めにくい	酸や水気に弱く、油分を補わないと錆がでる	洗剤やクレンザーは使わないこと。熱いうちに湯で洗い、よく乾燥させる。しばらく使わないときは薄く油を塗る
ホーロー	酸やアルカリに強く、金気を嫌う料理に向く。臭いもつかない	ホーローはガラス質なので衝撃に弱く欠けたり剝げたりする。急冷するとひび割れする	焦げや汚れが付着したら水と酢を入れ、しばらく火にかけたあと洗剤とスポンジで洗う
ステンレス	錆びない。酸やアルカリに強く、丈夫。臭いもつかない	熱伝導に比較的ムラがある。ただし多重構造のものは熱伝導のムラが改良されている	こびりついた焦げや汚れは、クレンザーやステンレスたわしなどで磨き落とす
フッ素樹脂加工	焦げない。錆びない。酸やアルカリに強い	長時間、強火にかけられない。中火以下で調理する	洗剤やスポンジで洗う。クレンザーやスチールたわしはキズがつき、樹脂加工が剝げ落ちる原因になる
銅	金属のなかで熱伝導が最も優れ、保温・抗菌性に富む	緑青や黒ずみがでやすいので、定期的な研磨が必要	洗剤とスポンジで洗い、すぐ布巾で水気を取る。銅部分はクリームクレンザーで磨き、内側の黒ずみはレモンの切れはし等でこする
耐熱ガラス	保温性が高く、冷めにくい。レンジやオーヴンにも使える	重量があり、衝撃に弱いので耐久性に欠ける	クリームクレンザーや洗剤で洗う。細かく砕いた卵の殻を入れ、洗剤と併用して汚れをこそげとる
プラスティック	軽くて丈夫。酸やアルカリ、衝撃に強く、長持ち	非常に熱に弱く、キズや汚れがこびりつきやすい	クリームクレンザーや洗剤を使い、キズがつかないようスポンジで洗う
木や竹	適度に湿気を吸収する。軽くて、酸、アルカリ、熱に強い	乾燥を怠ると、臭いがつきやすく、汚れがしみこみやすい	スポンジなどで洗ったあと、じゅうぶん乾燥させる。汚れが気になってきたら、その部分を削ればきれいになる

商品問い合わせ先インデックス（商品名の左の数字は商品掲載ページ）

1（株）伊勢丹新宿店
☎ 03-3352-1111
9・まな板

2（株）双葉商店
☎ 0776-36-3796
15・イチョウ材のまな板／77・イチョウ材の木ベラ

3（株）木屋
☎ 03-3241-0110
18・包丁3点／25・包丁6点

4（株）リバーライト
☎ 047-497-0198
32・鉄のフライパン／81・アジア鍋

5 北陸アルミニウム（株）
☎ 0766-31-3500
40・フッ素樹脂加工のフライパン／48・吉岡鍋

6（株）中尾アルミ製作所
☎ 03-5830-2511
（合羽橋店舗）
43・アルミ鍋

7（株）ダイシン百貨店
☎ 03-3773-1721
49・文化鍋

8 ビタクラフトジャパン（株）
☎ 078-334-6691
52・ビタクラフト社の多層構造鍋

9 チェリーテラス・代官山
☎ 03-3770-8728
52・クリステル社の多層構造鍋／71・バーミックス／78・スパゲティトング／82・オールラウンドボウルズサラダスピナーセット

10 ル・クルーゼ ジャポン（株）
☎ 03-3585-0198
54・鋳物ホーロー鍋

11（株）開化堂
☎ 075-351-5788
62・茶筒

12 ビクトリノックス・ジャパン（株）
☎ 03-3796-0951
69・カッター、ピーラー

13 愛工業（株）
☎ 050-3801-1304
70・野菜調理器セット

14（株）東急ハンズ渋谷店
☎ 03-5489-5111
70・リッター社のピーラー／72・ロストフライペティナイフ／78・ジャム用スプーン／90・ディスペンサー

15 DKSHジャパン（株）
☎ 03-5441-4515
70・ウェンガー社のキッチンばさみ

16 貝印（株）
☎ 0120-016-410
70・卵切り

17 伊藤商事（株）
☎ 03-3562-5811
71・ウェンガー社のスナックナイフ、パーリングナイフ

18 工房 緑林舎
☎ 0256-34-8148
71・銀の爪

19（株）諏訪田製作所
☎ 0256-45-6111
71・栗くり坊主

20 パナソニック（株）
☎ 0120-878-365
72・フードプロセッサー

21 ツヴィリングJ.A.ヘンケルスジャパン（株）
☎ 0120-75-7155
72・ツヴィリングのキッチンばさみ

22（株）有次
☎ 075-221-1091
72・銅製卸金／75・かつお箱

23 長谷製陶（株）
☎ 03-3440-7071
（東京店）
73・ご飯炊き用土鍋

24（株）大館工芸社
☎ 0186-48-7700
74・曲げわっぱのおひつ

25（株）山善
☎ 0120-680-286
74・家庭用精米器

26（株）ヨシカワ
☎ 06-6252-7188
74・だいこんおろし器

27（株）大野屋商店
☎ 03-3541-3051
74・すり鉢、すりこぎ／80・レードル／82・ホーロー製角バット／83・お玉／86・片口ボウル／89・野菜色だし銅板／90・たこ糸／91・刷毛

28 やまほん陶房
☎ 0595-44-1600
75・めしびつころりん

29（株）東急百貨店・東横店
☎ 03-3477-4567
（西館7階 クロワッサンの店）
75・竹のスクレーパー

30（株）マグスタイル
☎03-5468-8286
75・セラミックおろし器

31（有）和田商店
☎04-2969-3602
76・スパチュラ

32（株）日本テレビサービス
☎ 03-3222-3544
77・大好きスプーン

33（有）河西
☎ 046-238-9991
77・シリコンブラシ／78・シリコンスパチュラ、スプーンスパチュラ／90・スチールソープ

34（株）タイガークラウン
☎ 0256-63-2192
77・シリコンゴム製スパチュラ

35（株）オクダ商店
☎ 03-3844-1606
78・菜箸、盛りつけ箸

36 吉岡商店
☎ 0742-22-6521
79・蚊帳ふきん

37（株）タニタ
☎ 03-3967-9655
80・キッチンタイマー

38 ラバーゼ・オフィシャル・ショップ
☎ 0120-89-5014
80・ラバーゼの水切りかご、水切りトレイ

39（株）グループセブジャパン
☎ 0570-077772
80・ティファールのインジニオサファイアファミーユセット／82・ティファールのアマラルミステール／85・ティファールのクリプソスペリオール

40 ベターホーム協会
☎ 03-3407-0471
81・計量カップ／81・ボウルざる／82・調理皿／86・落としぶた／89・オーブンシート

41 BRITA Japan(株)
☎ 03-5766-3618
81・ポット型浄水器

42 料理器具 照宝
☎ 045-681-0234
83・中華鍋

43 リビング・モティーフ
☎ 03-3587-2784
83・麻キッチンクロス／86・ワインオープナー

44 アルク・インターナショナル・ジャパン（株）
☎ 03-5725-4434
83・ピッチャー

45 白木屋傳兵衛
☎ 03-3563-1771
84・手箒、はりみ／89・亀の子束子

46 高台寺 金網つじ
☎ 075-551-5500
85・持ち手付きセラミック付き焼き網

47 白山陶器（株）
☎ 03-5774-8850
85・醤油差し

●構成・文

平松洋子

●撮影

木内正貴　p1〜3、p5、p8〜14、p15左、p16〜19、p21〜24、p26〜39、p42〜47、p48右と左下2点、p49〜51、p54〜55、p57〜61、p92〜115、p117〜118、p120〜125

宇戸浩二　p15右、p25、p48左上、p52、p70右下、p71左下、p72左上と右下、p74左下、p75右下、p77右上と左下、p78右上と左下、p80右上と左下、p81右2点、p82右上と左下、p83右上と左下、p86左上と右下、p87右下、p89右上と左下、p90、p91左上

小林庸浩　p40、p62〜67、p69、p70上2点と左下、p71上2点と右下、p72右上と左下、p73、p74上2点と右下、p75上2点と左下、p76、p77左上と右下、p78左上と右下、p79、p80左上と右下、p81左2点、p82左上と右下、p83左上と右下、p84〜85、p86右上と左下、p87上2点と左下、p88、p89左上と右下、p91右上と下

●ブック・デザイン

中村香織

◎本書は、平松洋子著《とんぼの本》『台所道具の楽しみ』（新潮社、1999）を増補改訂の上、写真を新たに構成した改訂版です。

◎本書で紹介した製品は、特記以外はすべて税込価格で、2009年9月現在のデータです。

決《けつ》定《てい》版《ばん》　一生《いつしよう》ものの台《だい》所《どころ》道《どう》具《ぐ》

発行　2009年11月20日
２刷　2012年１月25日

著者　平《ひら》松《まつ》洋《よう》子《こ》
発行者　佐藤隆信
発行所　株式会社新潮社
住所　〒162-8711　東京都新宿区矢来町71
電話　編集部　03-3266-5611
読者係　03-3266-5111
http://www.shinchosha.co.jp
印刷所　凸版印刷株式会社
製本所　加藤製本株式会社
カバー印刷所　錦明印刷株式会社

ISBN978-4-10-602197-8 C0377